대통령의 혀

황교익의 본격 정치 시식기

대통령의 형

황교익 지음

SIGONGSA

이 책을 읽는 법

사람들은 먹는 이야기에 관심이 많습니다. 먹는 이야기가 나오면 귀를 쫑긋 세우고 자신이 끼어들 기회를 엿봅니다. 자신이 한 번이라도 먹은 적이 있는 음식은 자신이 잘 아는 음식으로 뇌에 저장이 되고, 자신이 한 번이라도 먹은 적이 있는 음식에 대한 말을 듣게 되면 그 말에 토를 달라고 뇌가 명령을 합니다.

"내가 먹어봐서 아는데 말야."

자신이 먹어본 적이 없는 음식에 대해 사람들이 이야기를 하고 있어도 먹는 이야기이니 어떤 식으로든 끼어듭니다.

"내가 먹어본 적은 없지만 말야."

《대통령의 혀》를 쓰면서 주변 사람들에게 수시로 물었습니다.

"김대중 하면 무슨 음식이 떠올라요?"

"이명박 하면 무슨 음식이 떠올라요?"

"박정희 하면…"

다들 머뭇거림이 없었습니다.

"홍어."

"국밥."

"시바스 리갈."

그러면서 그 음식들에 대해 또 제게 많은 이야기를 해주었습니다. 먹는 이야기 중에는 대통령의 먹는 이야기가 으뜸으로 관심이 높아 보였습니다.

어느 날 낚시터에서 유시민 작가에게 물었습니다.

"대통령기록관 홈피에 들어가면 역대 대통령이 좋아한 음식을 자료로 올려놓았습니다. 거기에 올려져 있는 '노무현 대통령이 좋아한 음식'은 뭘까요."

"삼계탕."

"땡."

"메기탕."

"땡."

잠시 생각에 잠기었다가 낮은 목소리로 독백을 하듯 말하였습니다.

"아, 라면… 라면을 참 좋아하셨지."

"그런데, 노무현 대통령 임기 중에는 라면을 좋아하신다는 기사가 단 한 건도 없더라구요. 돌아가시고 난 다음에야…"

먹는 이야기를 좋아하는 우리는, 특히 대통령의 먹는 이야기를 좋아하는 우리는 노무현이 라면을 즐겨 먹었다는 말을 그가 살아계실 때에는 들을 수가 없었습니다. 왜 일이 그렇게 되었는지는 지금에 와서 각자 상상할 뿐입니다.

제가 찾아낸 대통령의 먹는 이야기는 다채롭기가 〈천일야화〉 같았습니다. 《대통령의 혀》 집필 과정에서 어떤 것은 버리고 어떤 것은 툭툭 잘라서 이었습니다. 낱낱의 이야기가 전체의 흐름 안에서 유기적으로 연결될 수 있게끔 노력하였습니다. 그래서 "내가 아는 대통령의 먹는 이야기는 왜 안 나와?" 하실 수 있겠습니다만, 내가 아는 대통령의 먹는 이야기가 왜 안 나오는지 상상하는 것도 이 책을 읽는 재미일 것입니다.

차례

이 책을 읽는 법 · 004

1장 윤석열을 보내며

내란범이 체포 직전에 만든 샌드위치 · 013
'샌드위치를 만드는 윤석열'을 만든 윤석열 · 019
서문을 대신하여 · 023
왕당파의 밥, 공화파의 밥 · 025

2장 먹이가 아닌 밥에 대해

"밥 먹는데 자꾸 보고 그래." · 035
남이 무엇을 먹는지 궁금한 이유 · 039
화면 속 음식에 집착하는 이유 · 042
대통령에게 혼밥은 없다 · 046

3장 왕의 밥, 백성의 죽

삼백사십일 번 반찬을 줄이다 · 053
백성의 죽을 함께 먹은 왕 · 057

4장 대통령의 혀

간소한 양식 먹는 임금님, 이승만	065
낮 막걸리에 밤 시바스 리갈, 박정희	074
정치적 칼국수, 김영삼	090
정치 먹방 원조, 김대중	105
동네 라면 아저씨, 노무현	113
배고픕니다, 이명박	122
시장의 여왕, 박근혜	143
평화의 맛, 문재인	158
김치찌개 끓이는 짜장, 윤석열	193

5장 밥보다 정치

노비 근성과 양반 본능, 그리고 시민 의식	215
밥상 엎는 정치	222
너무나 자본주의적인 'K-'	227
왕의, 대통령의, 국민의 음식	231

밥으로 엮은 대한민국 대통령사	236

* 일러두기
1. 이 책에 나오는 대한민국과 미국 대통령에게는 직명을 붙이지 않았습니다. 대통령이었던 적이 있다는 사실이 명백한 인물에 굳이 직명을 붙일 필요가 없다고 생각하였기 때문입니다.
2. 국립국어원의 표기법을 존중하되, 저자의 의도 혹은 문헌 인용에 한해 예외를 두었습니다.

1장

윤석열을 보내며

내란범이 체포 직전에
만든 샌드위치

주먹다짐을 하려면 상대방에게 맞을 각오는 해야 합니다. 총칼로 국가권력을 찬탈하려면 아내와 자식까지는 아니어도 자신의 목숨은 걸어야 합니다. 윤석열은 내란에 실패하자 아무 일도 아니 일어난 것으로 치자고 우겼습니다.

유혈 사태가 있었나. 인명 사고가 단 한 건이라도 있었느냐. 정치인들 단 한 명이라도 체포하거나 끌어낸 적이 있느냐. 그런 시도라도 한 적이 있느냐. 이게 어떻게 내란이 될 수 있느냐. _석동현 변호사가 전달한 윤석열의 주장 2024. 1. 28.

'선빵'으로 날린 주먹을 상대방이 날렵한 풋 워크로 피했다고 싸움이 일어나지 않은 것은 아닙니다. 다음에는 몸을 날리거나 헤딩을 구사할 수도 있는 것이니 '선빵'을 날리며 싸움을 벌인 자를 제압해야 합니다.

2025년 새해 첫날 윤석열은 자신의 체포를 막기 위해 대통령 관저 앞에서 시위를 하고 있는 사람들에게 이런 내용의 편지를 보냈습니다.

"나라 안팎의 주권 침탈 세력과 반국가 세력의 준동으로 지금 대한민국이 위험합니다. 저는 여러분과 함께 이 나라를 지키기 위해 끝까지 싸울 것입니다."

윤석열은 2024년 12월 3일 비상계엄 선포 이후 단 한순간도 자신의 싸움, 즉 윤석열 내란을 멈춘 적이 없습니다. 윤석열은 대통령직에서 파면을 당한 지금 이 순간에도 내란을 수행하고 있을 것입니다. '내가 다시 권력을 잡아서…'.

공수처가 2025년 1월 3일 대통령 관저에 숨어 있는 윤석열을 체포하려고 하였으나 실패했습니다. 그 무섭던 공권력이 내란 우두머리 앞에서는 왜 그리 얌전한지 이해하지 못하겠다는 국민이 공수처에 온갖 비난을 쏟아부었습니다.

15일 공수처는 다시 윤석열을 잡으러 나섰습니다. 1차 체포에 동원된 경찰력의 여덟 배가 넘는 천 명 이상의 경찰이 투입되었습니다. 윤석열 체포조는 새벽 4시 10분 대통령 관저에 도착하였고 오전 10시 33분 마침내 윤석열을 체포하였습니다.

> 尹에 영장 내밀자 "알았다, 가자"… 변호인단 줄 샌드위치 만들기도_〈중앙일보〉
>
> 윤상현 "尹 대단히 의연… 변호인들 주려고 샌드위치 10개 만들어"_〈머니투데이〉
>
> 尹 대통령 불상사 일어날까 노심초사… 변호인단 줄 샌드위치 10개 만들기도_〈파이낸셜뉴스〉
>
> 윤석열, 체포 전 샌드위치 10개 만들어… 어쩜 그리 의연하실까_〈한겨레〉

이날 오후 윤석열 체포 후일담 보도에 샌드위치가 등장하였습니다. 윤석열 체포 현장에 있었던 윤상현 국민의힘 의원이 유튜브 "고성국TV"와 전화 인터뷰를 하면서 했던 말을 언론이 받아서 썼습니다. 15일 "고성국TV"의 윤상현 전화 인터뷰 중 해당 내용은 다음과 같습니다.

고: 윤석열 대통령 지금 상태가 어떻습니까. 육체적으로나 심리적으로.

윤: 대단히 의연하십니다. 웃으시면서. 모든 걸 다 각오하셨고요. 간혹 이젠 뭐 원외 위원장분들 경우엔 슬퍼하는 분들도 오히려

위로해주시고. 본인이 뭐 다 각오하고 계셨습니다. 처음부터.

고: 오늘 급하게 촬영하신 영상을 보면서 많은 분들이 "아이고, 그새 살이 많이 빠지신 것 같다"고 걱정들 하시던데.

윤: 어제도 한 시에 주무셨는데, 두 시 몇 분에 전화가 왔답니다. 두 시 반에 일어나셨대요. 변호인들이 다 관저에서 잤거든요. 물론 두세 시간도 못 잤지만. 아침에 샌드위치 열 개를 만드셨대요. 변호인단들 다 주시겠다고. 그 말씀 하시더라고. 그래서 우리가 뭐 그 말씀 하시는 거 보고. 참, 야, 저렇게 의연하실까.

윤상현이 고성국에게 하고 싶었던 말은 "윤석열은 의연하게 체포되었다"는 것이었습니다. 잡혀가지 않겠다고 드러누워 발버둥이를 치거나 골방에 숨거나 하지 않았다는 것을 말하고 싶었던 겁니다. 그런데 그냥 "대통령님은 의연하셨습니다" 하면 느낌이 잘 와닿지가 않습니다. 어떻게 의연했는지 윤석열의 구체적 행위를 윤상현은 고성국에게 말해야 했고, 그래서 나온 것이 윤석열의 샌드위치였습니다.

"아침에 샌드위치 열 개를 만드셨대요. 변호인단들 다 주시겠다고. 그 말씀 하시더라고. 그래서 우리가 뭐 그 말씀 하시는 거 보고. 참, 야, 저렇게 의연하실까."

윤상현은 윤석열이 만들었다는 샌드위치를 먹거나 본 것은 아닙니다. 윤석열이 샌드위치를 변호인단에게 주려고 만들었다 말한 것을 들었다는 것이 윤상현의 말입니다. 윤석열의 말을 듣고 윤석열은 의연하였다고 윤상현이 고성국에게 말하였습니다.

기자들은 먹는 것에 참으로 민감합니다. 먹는 것만 나오면 사건의 본령 같은 것은 뒷전으로 밀립니다. 2019년 9월 23일, 조국 당시 법무부 장관의 서울 방배동 자택이 압수 수색을 당하던 날이었습니다. 윤석열 검찰이 동양대 표창장 위조 혐의로 70여 곳을 압수 수색하며 조국과 그의 가족을 난도질할 때였습니다. 조국의 집을 열한 시간 동안 압수 수색을 하던 중에 음식이 배달되었습니다. 기자들이 만면에 웃음을 보이며 음식 배달 오토바이를 붙잡고 이렇게 물었습니다.

"어떤 메뉴를 먹었나요?"

"몇 그릇 시켰나요?"

"찌개류를 먹었나요? 짜장면, 짬뽕 같은 걸 먹었나요?"

"참모들 식사 못 했잖나" 尹, 샌드위치 30개 직접 만들어 건네
_〈조선일보〉

윤상현 "尹, 체포 전 샌드위치 만들어 변호인들에게 나눠줘"
_MBN

체포 직전 관저의 아침… 尹, 샌드위치 만들어 나눠줬다 _YTN

시간이 지나면서 윤석열 샌드위치 기사는 각색이 되었습니다. 열 개였던 샌드위치는 서른 개로 바뀌었고, 윤석열이 샌드위치를 만들어서 나눠줬다고 썼습니다. "샌드위치를 만들었다"와 "샌드위치를 나눠줬다"는 전혀 다른 행위입니다. 윤석열은 그날 아침에 의연한 것을 넘어서 인간적으로 따뜻한 사람이라는 포장을 기자들이 나서서 한 것인데, 이 정도의 각색이면 기자가 아니라 윤석열 언론 보좌관이라고 불러도 손색이 없을 것입니다.

윤석열이 체포되고 며칠이 지나서야 그날 아침에 관저 안에서 무슨 일이 있었는지 좀 더 구체적으로 알 수 있게 되었습니다. 저는 윤석열이 만들었다는 샌드위치의 행방이 궁금했습니다. 윤석열 체포조가 관저에 들이닥친 상황에서 '윤석열의 사람들'이 샌드위치든 뭐든 음식물을 입에 넣는다는 것이 저는 도저히 상상이 안 되었기 때문입니다. 〈서울신문〉 기자가 제 궁금증을 해소해주었습니다.

당시 관저 응접실에는 국민의힘 의원과 대통령실 참모진 및 행정관 등 수십 명이 몰려 서 있었다. 그러자 윤 대통령은 "매트를 깔든 방을 열든 앉게 해주라"고 지시했고, 관저를 나서면서는 "냉장고에 있는 과자든 물이든 다 털어서 사람들 줘라", "내가 만든 샌드위치를 먹어보라"고 했다. 실제로 음식을 먹은 이들은 없었다고 한다. _〈서울신문〉 2025. 1. 17.

'샌드위치를 만드는 윤석열'을 만든 윤석열

인간은 의도적 동물입니다. 의도적으로 그 옷을 입고, 의도적으로 그 말을 하며, 의도적으로 그 사람을 만납니다. 의도는 숨기는 것처럼 드러냅니다. 나의 의도는 그 사람의 의도와 뒤섞이며 사람들 사이에서 떠돕니다. 동의를 얻은 의도는 마침내 발화됩니다. 언어화한 의도는 공유되고 확장합니다. 인간은 개별적으로는 의도적 동물이고, 종합적으로는 사회적 동물입니다.

밥 먹는 일에는 원래 의도 같은 게 끼어들 여지가 없습니다. 먹지 않으면 힘이 빠지고 나중에 죽을 수가 있으니까 먹는 겁니다. 기왕이면 더 맛있는 밥을 먹으려고 하는 욕구에서도 남에게 무엇을 보여주려고 하는 의도를 찾는다는 것은 다소 무리한 일입니다. 일상의 끼니를 먹을 때 우리는 굳이 의도 같은 것을 발동시키지 않습니다.

밥은 밥이라는 본질을 버릴 때 의도를 가지게 됩니다. 배를 불리기 위한 밥이 아닌 밥이어야 의도적인 밥이 됩니다. 좀 더 넓혀서 말하면, 배를 불리거나 맛을 즐기기 위한 밥이 아닌 밥이어야 의도적인 밥이 됩니다(여기서 기호학 담론으로 넘어갈 것까지는 없습니다. 이 책이 가벼운 농담처럼 읽히기를 바랄 뿐입니다).

2025년 1월 15일 새벽에 공수처 체포조가 대통령 관저에 들이닥칠 것이라는 사실을 윤석열은 잘 알고 있었습니다. 윤석열은 새벽 2시 무렵에 전화를 받고 잠에서 깼으니 새벽 4시 무렵에 천 여 명의 경찰이 자신의 관저를 에워싸는 영상을 보았을 것입니다.

곧 체포될 것을 예상한 윤석열은 주방으로 갔습니다. 그리고 열 개의 샌드위치를 만들었습니다. 어떤 샌드위치인지는 알 수가 없으나 아주 간단한 샌드위치라 해도 30분 정도는 족히 걸렸을 것입니다. 혼자서 했는지 김건희가 도왔는지 알 수가 없습니다. 윤석열이 만든 샌드위치는 그냥 샌드위치입니다. 배를 불리기 위한 밥입니다. 윤석열의 의도를 짐작할 수 있는 단계는 아닙니다.

오전 8시 무렵에 공수처의 윤석열 체포조는 경호처 방어선을 넘어 대통령 관저에 진입하였습니다. 관저 안에는 국민의힘 의원

삼십여 명과 대통령실 참모들까지 있었으니 매우 복잡한 상황이 연출되고 있었을 것입니다. 변호인단은 체포 영장을 검토하고 있었을 것이고, 참모들은 어떻게 하면 폼이 나게 체포될 것인지 토론을 하고 있었을 것입니다. 당시 방송은 '자진 출두'를 자막에 올리기도 하였습니다. 윤상현은 아마 이즈음에서 윤석열의 말을 들었을 것입니다. 윤석열이 이랬겠지요.

"내가 아침에 샌드위치를 열 개 만들었어. 변호인단 주려고."

변호인단의 아침이 걱정되었으면 윤석열은 샌드위치를 변호인단에게 그냥 내놓았으면 되는 일인데, 그걸 말로 하고 있습니다. "열 개"라고 샌드위치의 양까지 포함해서. 〈서울신문〉 보도에 의하면, 윤석열은 체포가 되어 관저를 나가면서도 이렇게 말합니다.

"내가 만든 샌드위치를 먹어보라."

기자의 전언이 얼마나 정확한지는 모르겠으나 제 눈을 쿡 찌르는 것은 '내가 만든 샌드위치'라는 문구입니다. 누군가의 아침을 챙겨주겠다는 마음이면 "식탁에 샌드위치가 있으니까 먹어" 이렇게 말하지 "내가 만든 샌드위치가 있으니까 먹어" 이렇게 말하지는 않습니다.

윤석열이 체포를 앞두고 주방에서 만든 것은 샌드위치가 아니라 '샌드위치를 만드는 윤석열'입니다. 윤석열은 자신이 만든 샌드위치를 변호인단이 먹고 그 사실을 기자들에게 말하겠지 생각하였을 것입니다. 그러나 우리는 잘 알지 않습니까. 세상은 대체로 계획대로 되지 않는다는 것을.

공수처 체포조에 국민의힘 의원과 참모들, 변호사들, 경호원들로 대통령 관저 안은 매우 어수선하였습니다. '샌드위치를 만드는 윤석열'이 눈에 띄지도 않을 것이라고 윤석열은 판단하였을 것입니다. 그래서 변호인단이 샌드위치를 먹고 해야 할 말을 자신이 해버립니다.

"내가 아침에 샌드위치를 열 개 만들었어. 변호인단 주려고."

이 말을 윤상현이 들었습니다. 그것만으로도 부족하다고 생각했는지 윤석열은 체포되어서 나가면서도 "내가 만든 샌드위치를 먹어보라"고 말하였습니다. 윤상현은 윤석열의 의도를 정확히 읽고 윤석열이 체포당하면서도 얼마나 의연했는지 변호인단을 위해 열 개의 샌드위치를 만들었다고 감동적으로 그때의 상황을 설명하고 있습니다. 〈조선일보〉는 열 개가 아니라 서른 개의 샌드위치라고 숫자를 늘렸습니다. 이런 것은 어차피 확인이 안 되는 것이니 백 개라고 해도 큰 문제가 되지 않습니다.

기타 언론들은 늘 그러하듯이 윤석열의 의도를 '오바'하여 받아들였습니다. 윤석열이 샌드위치를 만들기만 한 것이 아니라 나눠줬다고 썼습니다. 이들 기사 제목에서 착한 윤석열이 체포된 것은 안타까운 일이라는 뉘앙스를 느꼈다면 윤석열의 의도는 먹혔다고 평가할 수 있습니다.

서문을
대신하여

《대통령의 혀》는 대통령이 음식으로 통해 얻으려고 했던 그 무엇에 대해 관찰한 바를 가벼운 농담처럼 읽게 하려고 쓴 책입니다. 윤석열이 체포되는 날 아침에 윤석열이 만든 샌드위치를 이 책 앞에 놓는 것은 집필 의도를 가장 최근에 있었던 사례로 설명하는 것이 효과적일 것이라고 생각하였기 때문입니다.

저는 1962년생입니다. 제가 겪었던 대통령은 박정희, 전두환, 노태우, 김영삼, 김대중, 노무현, 이명박, 박근혜, 문재인, 윤석열입니다. 직접 얼굴을 맞대고 말을 나눠본 대통령은 문재인이 유일합니다. 저 역시 평범한 국민의 한 사람으로 이들 대통령의 행적은 언론을 통해 접하였고, 그러니 당신이 대한민국 역대 대통령에 대해 알고 있는 것과 제가 알고 있는 것에는 큰 차이가 없습니다. 이 책을 쓰면서 제가 자료를 좀 더 정밀하게 보았다는 정도의 차이만 있습니다.

이 책에는 대통령의 특별난 음식 기호나 숨은 맛집에 대한 정보는 없습니다. 대통령 또는 대통령 참모들이 의도적으로 대중에게 노출한 '대통령의 밥' 혹은 '밥 먹는 대통령'에 대한 것들을 훑어보려고 할 뿐입니다.

저는 정치적 성향을 숨기면서 글 쓰는 법을 배우지 못했습니다. 제가 쓰는 모든 글에는 저의 정치적 성향이 듬뿍 적셔져 있습니다. 《대통령의 혀》를 쓰겠다는 생각 자체가 이미 매우 정치적이라고 할 수 있습니다.

저는 공화파이고 유물론자이며 사회주의에 경도되어 있습니다. 현실적인 정치 지형상 더불어민주당을 지지하지만, 저의 정치적 신념은 그보다 한참 왼쪽에 있습니다. 이를 참고하시고 책을 읽으시기 바랍니다.

왕당파의 밥, 공화파의 밥

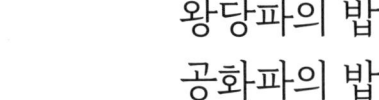

밥 먹을 때는 정치 이야기를 하지 말라고 합니다. 정치적 논쟁이 밥맛을 잃게 만들 수도 있기 때문입니다. 그런 탓에 음식과 정치는 전혀 무관하다는 주장까지 떠돕니다. 내 앞의 음식이 정치에 영향을 줄 것이 별로 없을 수는 있겠지만, 내 앞의 음식은 정치에 직접적인 영향을 받은 것입니다. 우리에게 주어지는 음식의 양과 질은 대체로 정치가 결정하기 때문입니다. 정치 이야기를 할 때는 음식 이야기까지 할 필요는 없을 것이나 음식 이야기를 할 때는 정치 이야기를 하지 않을 수가 없습니다.

이 책에서는 대한민국의 역대 대통령이 언제, 어디서, 어떤 음식을 어떻게 먹었으며 그와 같은 일을 언론이 어떻게 보도했고, 또 국민은 어떻게 받아들였는지 다룰 것입니다. 매우 정치적인 음식 이야기가 될 것인데, 저의 정치적 입장이 책 내용에서 한 줄기의 기둥이 될 것입니다. 그래서, 저의 정치적 입장을 간략하게 밝히는 것이 당신에 대한 예의일 것입니다.

인류 역사에서 오랫동안 대부분 국가의 형태는 왕국이었습니다. 시민혁명을 거치면서 '왕이 없는 국가'를 실현하였고, 그 국가를 공화국이라고 합니다. 왕국을 지속시키려고 했던 이들이 왕당파이고, 왕당파에 맞서서 시민들의 권리를 쟁취하여 공화국을 설립하려고 했던 사람들이 공화파입니다.

대한민국의 정치 세력을 진보와 보수 또는 좌와 우로 나누는 것이 일반적입니다. 저는 생각이 다릅니다. 현재 대한민국에서는 국민을 공화파와 왕당파로 분류하는 것이 맞지 않나 싶습니다. 대한민국이 공화국이기는 하지만 아직도 왕당파의 정신 상태를 유지하는 국민이 상당수에 이릅니다. 적게는 25퍼센트에서 많게는 50퍼센트가 왕당파입니다. 공화파란 조금 격정적으로는 '왕의 목을 벤 자들'이라고 표현합니다.

대한민국 국민은 공화국을 설립하는 과정에서 왕의 목을 벤 경험이 없습니다. 그런 탓인지 왕국의 폐습은 우리 일상에 깊이 뿌리를 내리고 있습니다. 왕이라는 직위가 없다뿐이지 왕을 모시려는 백성의 정신 상태를 유지시키려는 왕당파는 대한민국 주요 정치 세력으로 자리를 잡고 있습니다. 왕당파가 주축이 되어 모신 대한민국 왕으로는 윤석열 왕, 박근혜 왕, 이명박 왕, 노태우 왕, 전두환 왕, 박정희 왕, 이승만 왕 등이 있었습니다.

왕국이었던 조선에서는 왕이 한반도의 땅과 사람에 대한 권리를 독점적으로 가지고 있었습니다. 백성에게는 그 어떤 권리도 없었습니다. 1894년 여기에 반기를 든 사람들이 나타났습니다. 동학농민군입니다. 동학농민군은 전주에서 왕과 화약을 맺어 각 지역에 집강소를 설치합니다. 집강소란 지역민이 스스로 치안과 행정을 담당하는 기구입니다.

"왕은 간섭하지 마라. 우리가 우리 스스로를 다스리겠다."

한반도의 공화파는 이렇게 탄생하였습니다. 조선 왕은 자신의 권력을 지키기 위해 일본군을 불러들여서 공화파 동학농민군을 몰살시켰습니다.

1897년 조선 왕 고종은 대한제국을 선포합니다. 식민지를 거느린 제국이라서 제국을 선포한 것도 아니고, 지배층이 달라진 것도 아닙니다. 왕을 황제로 부르게 하였고, 황제의 절대 권력에 대한 국가적 규정인 "대한국 국제"라는 것이 반포되었습니다. "대한국 국제" 2조에서는 대한제국이 전제군주제 국가임을 규정하였습니다.

제2조. 대한제국의 정치는 500년간 전래되었고, 앞으로 만세토록 불변할 전제정치이다.

전제정치란 오직 고종에게 모든 권력이 있다는 뜻입니다.
1910년 일본이 대한제국을 흡수합니다. 경술국치입니다. 이때 일본과 대한제국은 한일병합조약을 맺습니다. 현재의 대한민국 정치 지형을 이해하는 데 매우 중요한 조약임에도 학교에서는 이를 잘 안 가르칩니다. 치욕스런 역사일수록 더 자세하게 가르쳐야 다시는 그 치욕을 겪지 않게 될 것입니다. 주요 부분만 보겠습니다.

제1조. 한국 황제 폐하는 한국 정부에 관한 일체의 통치권을 완전, 또 영구히 일본국 황제 폐하에게 양여한다.
제2조. 일본국 황제 폐하는 전조에 기재한 양여를 수락하고 전연 한국을 일본제국에 병합함을 승낙한다.
제3조. 일본국 황제 폐하는 한국 황제 폐하, 황태자 전하 및 그 후비와 후예로 하여금 각기의 지위에 적응하여 상당한 존칭 위엄 및 명예를 향유하게 하며, 또 이것을 유지함에 충분한 세비를 공급할 것을 약속한다.
제4조. 일본국 황제 폐하는 전조 이외의 한국 황족 및 그 후예에 대하여도 각기 상응의 명예 및 대우를 향유하게 하며, 또 이것을 유지함에 필요한 자금의 공급을 약속한다.

제5조. 일본국 황제 폐하는 훈공 있는 한국인으로서, 특히 표창에 적당하다고 인정된 자에 대하여 영작을 수여하고, 또 은급을 줄 것이다.

한일병합조약으로 대한제국이 망했다고 하는데, 이 조약에서 보는 바와 같이 대한제국의 지배계급인 이 씨 왕가는 전혀 망한 것이 아닙니다. 대한제국 이 씨 왕가는 일본 왕가 밑으로 들어가서 존속을 합니다. 이 씨 왕가에 빌붙어 살았던 왕당파는 일본 귀족으로 신분을 바꾸어 일본 왕당파가 됩니다. 이 조약으로 우리 땅의 백성에게 생긴 신분적 변화는 조선 왕의 소유물이었다가 일본 왕의 소유물로 바뀌었다는 것뿐입니다. 그것도 일본 신민臣民보다 등급이 낮은 2등 신민으로 취급되었습니다.

일본 왕의 지배를 받고 산 지 십 년 만에 한반도의 민중이 들고일어납니다. 1919년 기미독립운동입니다. 독립을 하는데, 왕국으로 독립을 하는 것이 아니라 민주공화국으로 독립을 하겠다는 선언을 합니다. 한반도 민중의 주권은 일본 왕도 아니고 조선 왕도 아닌 한반도 민중에 있음을 밝힌 것입니다. 기미독립운동은 독립운동이면서 동시에 주권 쟁취 운동입니다.

吾等은 玆에 我 朝鮮의 獨立國임과 朝鮮人의 自主民임을 宣言하노라.

(오등은 자에 아 조선의 독립국임과 조선인의 자주민임을 선언하노라.)

"기미독립선언서"는 이 문장으로 시작합니다. 이 문장의 현대어 풀이 중에 가장 많이 보이는 것은 "우리는 이에 우리 조선이 독립한 나라임과 조선 사람이 자주적인 민족임을 선언한다"입니다. 국사편찬위원회 우리역사넷에 올라온 현대어 풀이는 "우리들은 지금 우리 조선이 독립한 나라이고 조선 사람이 자주적인 국민이라는 것을 선언하노라"입니다.

자주민을 '자주적 민족', '자주적 국민'이라고 한 풀이가 틀린 것은 아니나, 선언서에 담긴 의지가 와닿는 풀이는 아닙니다. 자주민과 자주라는 단어가 우리에게 낯설기 때문입니다. 자주민의 사전적 풀이는 '모든 권리를 스스로 가지고 있는 독립국의 국민'입니다. 1910년 당시만 해도 '주권을 가진 민중이 지배하는 공화국'을 상상하는 것은 쉬운 일이 아니었습니다. 선언서 작성자는 '독립국'에 대응하는 단어로 '자주민'을 선택하였을 것입니다.

"기미독립선언서"를 현대문으로 풀이할 것이면 좀 더 적극적으로 해도 되지 않을까 하는 생각을 저는 가지고 있습니다. 한민족 오천 년 역사에서 가장 혁명적이고, 가장 인간적이고, 가장 미래 지향적인 글을 초등학교 때부터 읽게 하는 것이 대한민국 미래에 큰 도움이 될 것이기 때문입니다. 그래서 "기미독립선언서"의 첫 문장을 제가 풀어보았습니다.

"우리는 우리 조선이 독립국이며, 조선인에게 주권이 있음을 선언하노라."

조선 왕과 일본 왕의 협잡으로 피 흘리며 쓰러져간 공화파 동학농민군의 정신이 "기미독립선언서"에 담겼습니다. 기미독립운동으로 설립한 상하이임시정부는 대한민국 임시헌법에서 이 땅의 나라는 공화국임을 선포합니다.

제1조. 대한민국은 대한인민으로 조직함.
제2조. 대한민국의 주권은 대한인민 전체에 재함.

대한민국 헌법 제1조는 대한민국 임시헌법 제1조와 제2조를 좀 더 정교하게 다듬은 것입니다.

제1조 1항. 대한민국은 민주공화국이다.
2항. 대한민국의 주권은 국민에게 있고, 모든 권력은 국민으로부터 나온다.

대한민국은 공화파가 세운 나라입니다. 대한민국 헌법에도 그렇게 되어 있습니다. 우리는 우리가 스스로 다스릴 줄 아는 '깨어 있는 시민들'입니다. 그러나 잔존하는 왕당파가 수시로 우리 대한민국을 찬탈하기 위해 쿠데타를 일으킵니다. 이승만, 박정희, 전두환과 노태우 그리고 윤석열이 그랬습니다. 이들 정부가 친일적 행적을 보였던 것도 우리 땅의 왕당파가 살아온 궤적을 보면 충분히 이해할 수 있는 일일 것입니다.

저의 역사관은 음식 공부를 하면서 쌓이고 굳어진 것입니다. '왜 우리는 궁중 음식을 조선 시대 대표 음식으로 여길까' 하는 의문을 가진 것이 시발점입니다. 조선 시대 한반도 인구가 2,000만 명이고 궁궐에서 살았던 왕족은 기껏 10여 명인데 한 줌도 안 되는 왕족의 밥을 대한민국 중요무형문화재로 지정하고 그 밥을 먹었던 왕들의 미식 수준을 칭송하는 것이 과연 민주공화국에 어울리는 일일까요?

저는 역사가가 아닙니다. 다만 음식 공부를 하면서 저만의 역사적 관점이나 입장을 가져야 음식 세상이 좀 더 명료하게 보일 수 있겠다 생각하였고, 여러 역사가의 견해가 저를 자연스럽게 공화파의 길로 인도하였습니다. 세상은 각자의 마음에 비친 세상일 뿐입니다. 제 역사관에 조금의 일리라도 보인다 여기시면, 이제 저와 함께 본격적으로 대통령의 음식 이야기를 즐겨보시기 바랍니다.

2장
먹이가 아닌
밥에 대해

"밥 먹는데 자꾸 보고 그래."

"자식 입에 밥 들어가는 것만큼 행복한 것은 없다"는 말을 아시는 지요. 못 먹고 못살던 시절이 엊그제였습니다. 배고프다고 자식들은 우는데 뒤주에 쌀 한 톨 없을 때의 부모 마음을 상상하면 저 문장 안의 '행복'이 얼마큼 큰 것인지 가늠할 수 있을 것입니다.

뒤주에 쌀이 넉넉해도 밥 먹는 어린 자식은 무조건 예쁘게 보입니다. "아이고, 저게 이제 많이 컸네" 하며 밥 먹는 자식의 엉덩이를 톡톡 두들겨주고 싶은 게 부모 마음입니다. 어디 먼 길을 떠났다 돌아오거나 하면 밥 먹는 자식을 뚫어지게 봅니다. 객지에서 밥이나 제대로 먹고 다녔을까 하는 안타까움이 묻어 있는 눈길입니다. 이 눈길을 그냥 받으면 되는데, 못난 자식은 꼭 이럽니다.
"아이, 엄마는, 밥 먹는데 자꾸 보고 그래."
이게 솔직한 반응입니다. 밥을 먹고 있는데 누군가 빤히 보는 것을 인간은 꺼립니다. 밥 먹는 자신을 보는 부모의 마음은 충분히 알지만 인간의 마음속 저 안에서 '이건 거북한 일이야. 이런 상황은 벗어나야 해' 하고 반응을 한 것입니다. 식당에서 모르는 사람에게 이러면 싸움이 납니다. 밥 먹는 사람은 쳐다보는 것이 아닙니다.

인간이 문명을 일구고 산 지가 겨우 1만 년입니다. 우리 몸에는 수십만 년 동안 야생에서 살 때의 습성이 본능으로 박혀 있습니다. 야생에서 사냥과 채집으로 살아갈 때의 우리 조상을 상상해보면 우리의 본능을 이해하는 데 도움이 될 것입니다.
호모사피엔스가 영리하기는 하지만 이 정도 몸집을 가지고 있는 여느 동물에 비하면 그다지 민첩하지도 않고 후각이나 청각 등의 감각기관이 발달해 있는 것도 아닙니다. 덩치가 큰 육식동물은 이 '털 없는 원숭이'가 좋은 먹잇감이었을 것입니다.
호랑이, 사자, 늑대, 하이에나 따위가 풀숲에서 불쑥 나타나고 머리 위에는 언제라도 수직 하강을 할 준비가 되어 있는 독수리가 떠 있습니다. '털 없는 원숭이'는 한시도 마음을 놓을 수가 없는 상황입니다. 경계 태세를 늦추면 바로 죽음입니다.

육식동물은 먹잇감이 보인다고 바로 덮치지 않습니다. 먹잇감의 동태부터 살핍니다. 먹잇감이 늘 경계 태세에 있다는 것을 육식동물이 잘 아는 까닭입니다. 육식동물은 먹잇감이 경계 태세를 풀 때를 기다립니다. '털 없는 원숭이'는 언제 이 경계 태세가 느슨해질까요. 다른 무엇에 정신이 팔렸을 때이지 않을까요.

인류가 지구에 나타난 이래 지금처럼 안전한 먹을거리를 넉넉하게 확보한 적은 없습니다. 마트에는 값싼 먹을거리가 지천으로 널렸습니다. 끼니를 확보하지 못하는 사회적 약자는 국가가 나서서 이를 해결해줍니다. 인류가 굶어 죽지 않을까 하는 걱정을 하지 않게 된 것은 최근의 일입니다. 인간의 평균수명이 점점 늘어가고 있는 것은 끼니의 사정이 좋아진 덕이 매우 큽니다.

문명 이전의 우리 조상은, 그러니까 수렵과 채집으로 먹고살았던 우리 조상은, 계획적인 식생활이 불가능했습니다. 아침, 점심, 저녁 나눠서 세 끼니를 먹는다는 것은 상상도 할 수가 없었습니다. 먹을 것이 있으면 먹고, 먹을 것이 없으면 굶었습니다.

며칠을 굶다가 고기 한 토막을 얻었다고 상상해봅시다. 어떻겠습니까. 그 고기 한 토막을 손에 들고 소리를 지르며 팔짝팔짝 뛰었을 것입니다. 굶어 죽을 수 있다는 공포에서 벗어나는 순간이기 때문입니다. 고기를 입안에 넣으면 뇌에서는 엔도르핀, 도파민, 세로토닌 등등 기분이 좋아지는 온갖 물질이 분수 터지듯 분비될 것입니다. 하루라도 금식을 해본 사람은 압니다. 밥이 뱃속으로 들어가는 게 얼마나 큰 쾌락인지.

고기 한 토막에 '정신줄'을 놓아 경계 태세를 풀어버린 '털 없는 원숭이'는 맹수의 먹이가 될 가능성이 높고, 우리 조상은 맹수에게 그런 식으로 많이 당했을 것입니다. 그러니 밥 먹을 때 어떻게 해야 하겠습니까. 맹수가 밥 먹는 나를 노리는 것은 아닌지 촉을 세워야 하겠지요. 맹수의 눈길이 느껴지면 밥 먹는 것을 멈추고 도망을 해야 하겠지요. 먹을거리 앞에서도 경계 태세를 잘 유지한 개체는 살아남아서 '밥 먹을 때 경계 태세를 유지하는 유전자'를 후손에게 전달했을 것이라고 추측하는 게 나름대로 합리적인 상상이 아닐까 합니다.

남이 무엇을 먹는지 궁금한 이유

우리는 남이 먹는 음식 그 자체에 호기심을 가집니다. 어느 식당에 갈지 정보를 얻기 위해 남이 먹은 음식을 검색하는 것이 아니라, 그냥 남의 음식에 호기심을 보입니다. 별스런 일은 아닙니다. 인간은 원래 그렇습니다. 남이 뭘 입나, 남이 어떤 집에서 어떻게 사나, 남이 어떤 책을 읽나, 남이 어떤 헤드폰을 가지고 있나. 우리는 이런 게 참 궁금합니다. 나의 그것들과 비교하면서 어떤 때는 자기 삶을 긍정하고, 어떤 때는 남의 삶을 부러워하고, 드물게는 남의 삶을 안타까워합니다.

남이 먹는 음식에 대한 호기심은 사람마다 다를 것이라고 저는 생각합니다. 부자여서 때마다 이것저것 잘 차려서 먹는 사람과 겨우 끼니를 때우면서 살아가는 사람은 음식에 대한 결핍의 강도가 다를 것이고, 그러니 남이 먹는 음식에 대한 호기심도 다를 것입니다.

이런 말은 감정적으로 받아들이기 어려울 수가 있습니다. 저도 이런 것에 대해 글을 쓸 때는 그다지 기분이 좋지 못합니다. 돈이 전부인 것처럼 여겨지기 때문입니다. 세상이 그러한데 어떡하겠습니까. 음식 대신에 옷이나 자동차, 시계 등을 놓고 생각을 해보면 '돈 세상'의 실체가 좀 더 명료해질 수 있습니다. 부자가 입고 먹고 꾸미는 것에는 빈자의 호기심이 발동되지만 빈자가 입고 먹고 꾸미는 것에는 부자의 호기심이 발동되지 않습니다.

남이 먹는 음식에 대한 호기심에는 시기와 선망의 마음이 뒤섞여 있습니다. 남이 잘되는 것을 샘하고 미워하는 마음이 시기이고, 남이 잘되는 것을 부러워하고 따라 하려는 마음이 선망입니다. 시기와 선망은 무리 생활을 하는 인간에게 주어진 생존경쟁의 심적 동력이라고 할 수 있습니다. 이는 선과 악의 문제가 아닙니다. 우리 마음이 원래 그렇습니다.

저는 군역을 방위로 치렀습니다. 서울 관악구 보라매공원 자리에 있던 공군사관학교에서 근무했습니다. 14개월 방위로 근무하기 전에 삼 주간 부대 내에서 먹고 자면서 훈련을 받았습니다.

훈련을 마치는 날에 방위들은 각자 소감을 발표해야 했습니다. 다들 고생이 되어도 의미가 있었다는 말을 하였습니다. 그날 조금 별난 소감을 듣게 되었습니다.

"여러분은 밖에서 한 번도 하지 않았을 행동을 이 안에서 했습니다. 식사 시간에 줄을 서서 남의 식판에 무엇이 들었나 눈동자를 획획 돌리며 살폈습니다. 저도 그랬습니다. 제가 보니까, 여러분 전부가 대놓고 그러고 있었습니다. 내 식판에 놓인 음식과 다른 사람 식판에 놓인 음식이 얼마나 다른지 매의 눈빛으로 훑었습니다. 여러분이 들고 있던 식판보다 음식이 덜 담긴 식판이 보이던가요? 저는 안 보였습니다. 제 식판보다 밥이 더 많이 담긴 식판, 꽁치 반 토막이 더 들어간 식판, 큰 토막의 고기가 들어간 식판만 보였습니다. 우리는 다같이 억울했습니다."

방위들은 배꼽을 잡고 웃었습니다. 자신의 음식보다 남의 음식을 더 열심히 보았던 시기와 선망이 우리 모두의 마음속에 똑같이 존재했다는 사실에 눈물이 나도록 웃었습니다. 재산과 학력 등 사회적 지위를 나타내는 지표들이 지워진 상태에서, 같은 옷을 입고 같은 공간에서 자며 같은 음식을 먹는 상황에서도 시기와 선망의 마음으로 남의 음식을 두 눈으로 힐끔힐끔 추적하는 동물이 인간입니다.

화면 속 음식에
집착하는 이유

원래 인간은 음식 먹는 모습을 남에게 보여주는 것을 싫어합니다. 남의 음식을 들여다보는 일도 시기하는 것으로 해석될 수 있으므로 조심스러워합니다. 요즘 세상은 전혀 그렇지 않은 듯이 보입니다. 인터넷 공간에서는 "오늘 나 이런 거 먹었어요" 하는 자랑을 담은 영상물이 쉼 없이 올라옵니다. 이를 본 사람들이 '좋아요'를 누르고 댓글을 답니다. "맛있겠어요."

인간이 달라진 것은 아닙니다. 실제로 음식 먹는 사람을 보는 것과 영상물에서 음식 먹는 사람을 보는 것은 전혀 다른 일입니다. 영상물 속에서 음식 먹는 사람은 영상물을 보는 사람의 시선과는 무관하게 음식을 먹습니다. 영상물 속의 음식은 실제 존재하는 사람의 음식이 아니므로 몇 시간을 뚫어지게 보아도 여러분이 뺨을 맞는다든지 하는 일은 발생하지 않습니다.

사진이 발명되면서 세계가 하나 더 생겼습니다. 현실 세계를 복제한 또 다른 세계가 사진 속에 있는 듯한 환각이 만들어졌습니다. 짧은 간격으로 찍은 사진을 연속해 노출함으로써 움직이는 화상을 보여주는 기술은 현실 세계보다 더 리얼하고, 더 슬프고, 더 웃기고, 더 아름다운 가공 세계를 창조하였습니다. 우리는 이 가공 세계에 갇혔습니다.

현실 세계에서 내가 먹는 음식은 렌즈를 통과하는 순간 가공 세계의 음식으로 변환합니다. 이 두 음식은 전혀 다른 음식입니다. 현실에서 내가 먹은 음식은 내 뱃속으로 들어가 소화되고 배설물로 변하여 변기를 거쳐 하수종말처리장으로 향하겠지만, 렌즈를 거쳐 이미지로 남게 된 나의 음식은 상징체계가 관여하는 가공 세계 안에서 그 이미지가 완전히 소실될 때까지 떠돌게 됩니다.

인간의 가공 세계는 사진의 발명 이전에 이미 존재하고 있었던 것입니다. 인간이 현실 세계에는 존재하지 않는 것들에 대해 언어로 표현하는 능력을 가지면서 가공 세계가 '창조'되었습니다. 숲속에는 유령이 살고, 달에는 토끼가 살며, 사람이 죽으면 하늘나라로 간다는 등의 허구를 만들어서 그 허구를 믿는 사람들끼리 관계망을 형성하여 집단을 이루고 살아갑니다. 유발 하라리는 인간에게 허구 생성 능력이 생긴 일을 두고 '인지 혁명'이라 표현하였습니다.

허구의 세상, 그러니까 가공 세계에 우리가 산다는 말에 거부감을 보이는 분들도 있습니다. 자신의 삶 자체가 부정당하는 기분이 들기 때문일 것입니다. 인간이 허구로 가공 세계를 창조할 생각을 못 했다면 동물의 단계에서 벗어나지 못했을 수도 있습니다. 가령 인간이 행복, 사랑, 자유, 평화, 연대, 헌신, 희생, 공화국, 민주주의, 인권, 복지 같은 허구를 만들어내지 못했다면 지금과 같은 우리의 삶은 존재하기 어려웠을 것입니다.

사진의 발명은 언어로 만들어진 가공 세계를 시각화함으로써 가공 세계가 현실 세계 안으로 더 깊이 들어오게 하였습니다. 마침내 현실 세계가 가공 세계에 겹쳐서 보이도록 하는 기술을 개발하고 이를 증강현실이라 부르고 있습니다. 기술의 발달은 무엇이 현실이고 무엇이 가공인지 알 수 없는 세상으로 우리를 밀어넣고 있습니다.

인지 혁명을 이룬 인간이니까 가공 세계는 누구의 뇌로든 지을 수 있습니다. 가공 세계의 규모는 허구 창작 재능에 따라 달리 나타납니다만, 자본주의사회에서 가공 세계의 규모는 대체로 자본의 규모에 비례합니다. 영화감독 스티븐 스필버그의 가공 세계와 유튜버 빠니보틀의 가공 세계가 보이는 규모의 차이를 생각하면 쉽게 알 수 있는 일입니다.

자신만의 작은 가공 세계를 만들기 위해서는 누구든 핸드폰만 있으면 됩니다. 영상과 문자를 이용하여 자신의 마음속 세계를 인터넷 공간에다 그려내는 것은 매우 쉬운 일입니다. "이거 예쁘지요?", "이거 맛나지요?", "이거 멋있지요?"에 공감하는 사람들이 늘어날수록 자신만의 가공 세계는 점점 커집니다. 그 규모가 어떠하든 각자의 가공 세계는 전 지구적으로 연결되어 있습니다. 2025년 현재 81억 6,197만 2,572명의 인간이 가공 세계의 관계망 안에서 살아갑니다.

대통령에게
혼밥은 없다

대통령이 사는 공간은 마음대로 들어갈 수 없습니다. 대통령을 직접 만나는 것도 어려운 일입니다. 대통령은 우리와 다른 공간에서 사는, 우리와 다른 사람입니다. 대통령의 음식도 우리의 음식과 다를 것이라고 생각하는 것은 매우 자연스런 일입니다.

2010년 《대통령의 맛집》이라는 책이 출판되었습니다. 대한민국 역대 대통령이 다녀갔던 식당들을 취재하여 묶은 책입니다. 그에 대한 소개 글입니다.

국내 최초로 역대 대통령들의 맛집을 소개한다. '대통령'이라는 막강한 권력 주변에 얽힌 일화를 맛있게 버무린 (…). 김대중 전 대통령의 '마지막 외식 집' 을지로 양곱창집, 박정희 전 대통령의 마지막 오찬 소복식당, 노무현 전 대통령과 이명박 대통령이 번갈아 찾은 전주 성미당 등 대한민국 최고의 맛으로 소문난 총 20곳이 소개된다.

이 스무 곳의 식당 대부분은 대통령이 다녀가기 전에도 요리 잘하는 식당으로 이름이 나 있었습니다. 그러니까 대통령이 다녀가서 유명해진 것이 아니라 유명해서 대통령이 다녀갔다고 보는 것이 타당할 것입니다. 대통령도 다녀갔다고 하니까 그 식당의 음식이 특별나게 느껴지고, 그 일로 해서 더 유명해졌음도 분명합니다.

인간의 입맛은 제각각입니다. 자라온 환경이 다 다르기 때문입니다. 대한민국 역대 대통령도 마찬가지로 제각각의 입맛을 가지고 있습니다. 그들의 입맛에서 대통령이라는 직위로 인해 형성된—여느 사람에게서는 발견될 수 없는—특성 같은 것이 발견될 리 없습니다. 대통령이 좋아한 음식이라 해서 그 음식에 특별난 무엇이 있을 것이라는 생각하는 것은 난센스입니다.

그럼에도, 그러니까 대통령이 먹는 음식이 특별난 것이 없다는 사실을 잘 알면서도 우리는 대통령이 다녀간 식당이라 하면 그 식당 앞에 기꺼이 줄을 섭니다. 유명 연예인이나 스포츠 스타가 다녀간 식당에 대한 우리의 반응도 똑같습니다. "바로 여기가 김연아 선수가 다녀간 식당이라잖아" 하는 소리에 우리는 자연스럽게 "김연아 선수가 뭘 먹었대?" 하면서 줄을 섭니다.

인간은 타인과 연대하고 집단에 소속되려고 하는 본능을 가지고 있습니다. 에이브러햄 매슬로의 욕구단계이론에 따르면 생리적 욕구 바로 위에 있는 안전 욕구에 해당합니다. 인간은 진화하는 과정에서 강력한 유대감을 형성한 집단 안에 있어야 생명을 유지하는 데 유리하다는 것을 유전자에 새겼습니다. 하라리가 인류 문명사의 시작점으로 보는 인지 혁명도 인간 집단의 결속과 확장을 위한 것이었습니다.

인간은 연대와 소속의 본능을 위해—그러니까 안전 욕구를 위해—기꺼이 돈을 지불할 것임을 잘 아는 자본은 자신의 상품은 물론이고 기업 그 자체에 편안함과 믿음의 감정을 붙이는 데 집중합니다. 이를 그들의 용어로 브랜딩이라고 합니다.

정치도 자본만큼 영민합니다. 차이점이 있다면, 정치가 얻어야 하는 것은 돈이 아니라 표입니다. 표는 다른 말로 민심입니다. 민심을 얻기 위한 정치 캠페인에서 발견되는 공통된 메시지는 "저를 믿어주세요"입니다.

정치인은 국민에게 자신과 함께하면 안전이 보장된다는 점을 강조합니다. 대통령 선거를 할 때 각 분야의 전문가들이 정책 공약을 열심히 짜서 내놓지만 보통의 인간은 그런 거 들여다보고 이성적으로 따지는 일을 하지 않습니다. 감성이 앞장서서 후보를 결정하고 이성은 감성의 결정에 대해 그럴듯한 이유를 붙여주는 일을 합니다.

"내가 느그 서장하고 어저께도 같이 밥 묵고, 사우나도 가고."

〈범죄와의 전쟁〉에 나오는 최민식의 방법이 최상입니다. 감성 교류에는 뭔가를 함께하는 것만큼 좋은 것이 없습니다.

그러나 정치인이 유권자와 함께할 수 있는 일에는 한계가 있습니다. 유권자가 너무 많기 때문입니다. 유권자와 함께하는 것처럼 연출하여 간접 체험을 유도하는 것이 최선의 방법입니다. 유권자의 공간에서 유권자의 음식을 먹는 정치인은 유권자에게 '내가 밥도 먹고 한' 정치인으로 인식됩니다.

국민이 대통령의 음식에 뭔가 특별난 것이 있는 것처럼 여기는 것은 대통령의 마음이 거기에 있을 것이라 생각하기 때문입니다. 대통령이 다녀갔다는 식당에 가서 대통령이 먹은 음식을 주문하여 먹는 것은 대통령과 함께 음식을 먹는 기분을 느끼고 싶기 때문입니다. 대통령이 음식을 먹으며 국민에게 보였던 연대의 제안에 대한 국민의 응답이라고 볼 수가 있습니다.

대통령에게 혼밥은 없습니다. 대통령이 음식을 먹는 자리에 국민이 항상 합석을 하여 무엇을 먹나 살펴봅니다. 밥 먹는 대통령을 국민은 자식 보듯 하기도 하고, 부모 대하듯 하기도 합니다. 때로는, 거지 대하듯 하기도 합니다.

3장

왕의 밥,
백성의 죽

삼백사십일 번
반찬을 줄이다

조선의 백성은 왕이 무엇을 먹는지 알지 못했습니다. 왕이 백성에게 자신이 어떤 음식을 먹는지 알릴 이유가 없었기 때문입니다. 반대로, 흉년이 들거나 하면 오히려 왕이 백성의 끼니 사정을 궁금해했습니다. 《조선왕조실록》에서 '흉년'을 검색하면 1,278건의 기사가 나옵니다. 신하는 왕에게 흉년으로 굶주리는 백성의 사정을 보고하고 왕은 "진휼하라", "구휼하라"며 명령합니다.

조선 시대 백성은 늘 배가 고팠습니다. 그 당시 한반도만 그랬던 것은 아닙니다. 과학의 발달로 이룬 녹색혁명 이전에는 전지구적으로 배가 고팠습니다. 당시에 흉년이 들어도 굶을 일이 없는 사람들은 왕과 귀족밖에 없었습니다. 조선 시대 백성이 왕의 음식에 관심을 가지는 일이 있었다 하면, 그 음식의 종류와 질은 중요하게 여기지 않았을 것입니다. "나랏님은 우리처럼 굶어 죽는 일은 없겠구나" 하였을 것입니다.

절대 권력을 쥔 왕이라고 해서 민심을 소홀히 할 수는 없습니다. 백성이 "못 살겠다. 갈아보자"며 반란을 일으킬 수도 있기 때문입니다. 왕을 중심으로 한 최고위층 권력 집단이 혈연으로 맺어져 있기는 하지만 언제든 자신을 내쫓고 아우나 사촌을 왕위에 올리려는 자들이 민심을 이용할 수도 있습니다. 곡식을 나눠주고 역을 줄여주는 것도 경제적 사정 안에서 해야 하는 것이니까 한계가 있습니다. 돈 안 들이고 백성의 마음을 얻을 수 있는 방법이 필요한데 그게 바로 감선입니다.

덜 감減, 반찬 선膳. 반찬을 줄인다는 뜻입니다. 함규진의 논문에 따르면 감선은 조선왕조 519년 동안 341회 있었습니다. 감선에 특별난 규칙 같은 것은 없어 보입니다. 고기반찬을 내지 않아도 감선이고, 밥상을 아예 안 받거나 죽만 먹는 것도 감선이라고 보았습니다.

조선 시대에 왕의 일상을 백성에게 널리 알리는 방법은 입소문이 전부였습니다. 흉년이 들어서 백성이 굶주리고 있을 때 왕이

"내 마음이 무척 아프다"고 신하에게 말했다고 그 말이 방방곡곡의 백성에게 전달될 가능성은 없습니다. "임금님 마음이 아프다고 하셔"는 입소문 거리가 되지 못하는 것이지요.

개가 사람을 물면 뉴스가 안 됩니다. 사람이 개를 물어야 뉴스가 됩니다. 기이한 일이어야 뉴스의 가치를 가집니다. 입소문도 똑같습니다. 왕이란 밥 먹는 걱정이 없는 사람입니다. 먹고 싶은 것은 얼마든지 먹을 수 있습니다. 밥을 얼마든지 먹을 수 있는 왕이 밥을 줄이거나 안 먹는다 하는 것은 굶주리고 있는 백성 입장에서는 기이한 일에 속합니다. 왕의 감선은 입소문의 가치가 충분합니다.

왕이 감선을 하면 신하인들 감선을 하지 않을 수 없습니다. 신하들이 궁에서 퇴근을 하여 자기 집에 가서는 "임금님이 감선을 하시니 우리 식구도 감선을 하자"고 하였을 것이고, 이 말을 들은 종들이 저잣거리로 나가 "우리 영감님이 그러시는데 임금님이 굶주리는 백성 때문에 마음이 아프셔서 밥을 안 드신대" 할 것입니다.

사서에 보면 감선의 사상적 배경을 천인감응天人感應에서 찾습니다. 하늘과 사람이 연결되어 있다는 뜻이지요. 인人에 해당하는 자는 왕으로 한정하여 저 말을 만들어내었을 것인데, 왕이 음식을 줄이거나 굶으니 하늘이 감복하여 천재지변을 거둘 것이라 여긴 겁니다. 왕이 감선을 할 때 하늘이 어떠하였는지는 전혀 알 길이 없고, 다만 조선왕조에 341회, 그러니까 삼백사십일 번이나 감선이 행해진 것을 보면 왕의 감선이 민심을 다독이기 위한 정치술로 꽤 쓸 만한 것이었지 않았나 하고 추측을 해봅니다.

백성의 죽을 함께 먹은 왕

다시 한번 말씀드리는데, 조선에서 왕은 자신이 어떤 음식을 먹는지 백성에게 알릴 까닭이 없었고, 그래서 백성은 왕이 어떤 음식을 먹는지 몰랐습니다. 대한민국 정부에서 무형문화재로 지정한 조선 궁중 음식 같은 것을 당시 백성은 알 수가 없었던 겁니다. 그런데, 왕이 백성 앞에서 백성의 음식을 먹었다는 기록을 보게 되었습니다. 조선에서 이런 일이 있었다는 것이 매우 특이하여 그 전후의 과정을 포함하여 여기서 풀어놓습니다.

조선 21대 왕 영조는 사도세자를 뒤주에 가두어서 아흐레간

밥을 주지 않고 굶겨서 죽입니다. 영조 38년 윤5월의 일입니다. 1776년 3월에 영조가 늙어서 죽고, 사도세자의 아들인 정조가 왕위를 이어받았습니다. 정조는 즉위하는 날 신하들에게 이렇게 말합니다.

"오호! 과인은 사도세자의 아들이다."

《조선왕조실록》 원문은 "嗚呼 寡人 思悼世子之子也"입니다. '嗚呼'는 "오호"라는 감탄사를 옮겨 적은 것이 아니라 "슬피 울면서 말했다"를 적은 것이라고 저는 이해합니다. 정조가 사도세자의 아들임을 모르는 신하가 없는데 울면서 "내가 사도세자의 아들이다"라고 굳이 들으라 한 것에 대해 다양한 해석들이 존재합니다만, 저는 정조의 마음을 이렇게 읽었습니다.

"내 아버지 사도세자가 뒤주에 갇혀서 굶어 죽을 정도로 나쁜 인간이 아니라는 것을 사도세자의 아들인 내가 왕으로서 너희에게 보여주겠다."

사료만 놓고 보면 사도세자는 죽을 만했습니다. 정신병을 앓은 것으로 보이는데, 그때의 의료 지식으로는 그의 악행에 대해 분석하고 처치를 내리는 일은 불가능했습니다. 그냥 '미친놈의 짓'으로 취급되었을 것입니다. 물론 그가 당쟁에 휩쓸렸을 수는 있으나 살인 등의 악행을 저지른 것은 분명하여 당쟁의 희생자로만 해석할 수는 없는 일입니다.

아버지는 미친 아들을 죽일 수 있어도, 미친 아버지를 아들이 어찌할 수는 없습니다. 아버지가 미쳐서 악행을 저질렀어도 아들은 아버지를 받아들여야 합니다. 영조는 미친 아들의 그늘에서 손자를 벗어나게 해주려고 1728년에 아홉 살의 나이로 죽은 효장세자(정조의 큰아버지)의 양아들로 만들지만, 정조는 왕위에 오르며 자신의 아버지가 사도세자임을 분명히하였습니다.

정조 13년, 정조는 사도세자의 묘를 수원부로 이장하고 이름을 현륭원이라 하였습니다. 정조는 수원부에 행궁을 지어 신도시로 개발을 합니다. 수원부는 화성으로 이름을 바꿉니다. 도로를 놓고, 성을 쌓고, 시장을 열어 상인을 불러모읍니다. 왕위에서 물러나면 그 행궁에서 살 생각이었습니다.

정조는 사도세자 묘 이장 이후 1800년 죽을 때까지 열세 차례 화성으로 능행을 하였습니다. 오가는 길에 백성을 직접 만나 고충을 듣습니다. 가난한 백성에게는 곡식을 나눠주고, 노인들을 모시고 잔치를 열었습니다. 능을 오가며 백성에게 베푼 선정이 결국은 사도세자의 은덕으로 받아들여질 것이라 여기고 능행에 집중한 것이 아닌가 추측을 합니다.

정조 19년의 능행은 특별났습니다. 정조의 어머니이자 사도세자의 부인인 혜경궁 홍씨가 회갑을 맞은 해였습니다. 정조는 혜경궁 홍씨의 회갑연을 사도세자의 능이 있는 화성에서 치르기로 합니다. 혜경궁 홍씨는 사도세자와 동갑입니다. 혜경궁 홍씨의 회갑연은 사도세자의 회갑연으로도 보일 것이었습니다. 그야말로 조선 최대의 국가적 이벤트가 벌어집니다.

혜경궁 홍씨 회갑연은 《원행을묘정리의궤》에 매우 정밀하게 기록이 되어 있습니다. 이 의궤는 조선 왕가의 음식을 들여다볼 수 있는 자료로 활용되고 있으며, 특히 혜경궁 홍씨가 받은 잔칫상은 수시로 재현이 되어 관광객의 볼거리로 홍보되고 있습니다.

혜경궁 홍씨의 회갑연은 윤2월 13일 화성 행궁의 봉수당에서 열렸습니다. 혜경궁 홍씨가 자리에 앉자 잔칫상이 나오고 이어서 정조가 술잔을 올렸으며 정조와 신하들이 "천세, 천세, 천천세"를 외쳤습니다. 노래하고 춤을 추었습니다. 다만 백성은 이 잔치를 참관할 수가 없었습니다.

회갑연 다음 날 정조는 백성에게 나누어줄 쌀과 죽을 챙깁니다. 《원행을묘정리의궤》에 나오는 내용인데, '경기도 메모리' 아카이브 번역본을 참고하였습니다.

사민기민四民饑民의 숫자가 4,819인이라 하는데 사미賜米할 때 나누어 보낼 승지는 이미 임명한 바와 같이 가승지 이유경은 사창社倉으로 가고, 조진관은 산창山倉으로 가고, 홍인호는 해창海倉으로 가서 먼저 어제 하교한 내용을 가지고 일일이 효유해서 자궁(혜경궁 홍씨)의 은혜를 알게 할 것이며, 사미와 궤죽饋粥을 모두 친림한 가운데 하는 것처럼 하여 혹시라도 빠뜨리는 사람이 없도록 하라. 성 내외의 사민과 진민賑民은 내가 마땅히 친림하여 나누어줄 것이다.

네 곳에서 쌀과 죽을 나누어줄 것인데 정조는 그중 한 곳에 친히 가겠다고 합니다. 그가 말을 타고 도착한 곳은 신풍루입니다.

"신풍루사미도". 누각 아래에서 쌀을 나누어주는 모습이 보입니다. ⓒ 서울대학교 규장각한국학연구원

그리고 신풍루 2층 누각에 마련된 자리에 앉습니다. 신풍루 마당에 모인 백성을 볼 수 있는 자리인데, 백성도 물론 2층 누각에 앉은 왕을 볼 수가 있습니다. 정조는 동부승지 이조원에게, 내려가서 쌀을 배급하고 죽을 똑같이 나누어 먹여 쌀과 죽이 모두 모친의 은혜에서 나왔다는 뜻을 뭇 백성들에게 널리 알리라고 하교를 합니다. 그리고 선전관에게 명령을 합니다.

"죽 한 그릇을 가져와라. 내 마땅히 죽 맛이 어떠한가를 보겠다."

《원행을묘정리의궤》에는 이때 일을 "신풍루사미도新豐樓賜米圖"라는 그림으로 남겼습니다. 그림 속 2층 누각에 있는 빈 의자가 정조의 자리입니다. 조선 기록화는 왕의 자리만 그립니다. 그림에 죽을 끓이는 솥이 있어야 하는데, 아쉽게도 쌀만 보입니다.

어떤 역사가들은 정조를 '개혁 군주'라고 말합니다. 정조는 백성과 직접 소통하는 정치를 시도합니다. 그러기 위해서는 강력한 왕권이 필요했고, 민심도 자신의 것이어야 했습니다. 그는 신풍루에 올라 죽을 먹으며 '너희와 똑같은 음식을 먹는 임금님'으로 자신을 대해달라고 백성에게 마음을 보였던 것입니다.

그로부터 5년 후 정조는 죽습니다. 정조가 꿈꾸었던 조선은 실현되지 못하였고, 세도정치에 휘둘리게 된 조선은 몰락의 길을 걷게 됩니다.

4장

대통령의 혀

간소한 양식 먹는 임금님, 이승만

1948년 7월 20일 국회에서는 대한민국 초대 대통령으로 이승만을 선출하였습니다. 다음날 아침 이승만 살림집 풍경이 기사로 국민에게 전해졌습니다.

반만 년 유구 찬란한 역사를 지니고 삼천만 민족이 무럭무럭 자라가는 대한민국의 무궁한 발전과 번영을 위하여 최후의 큰 힘을 이바지하려는 초대 대통령 이승만 박사의 저택인 이화장은 낙산 기슭의 새벽 새소리와 함께 고요히 어둠이 거치고 날이 밝어지매 제2일의 대통령 사무는 분주하게 차저오는 정치 요인들의 발소리와 함께 시작되는 것이다. 후란시스커 부인의 정성을 다한 간소한 양식 식사를 마친 박사는 조금도 피로한 빗츨 보잇지 안코 이 나라의 중흥을 위한 새로운 구상을…._(동아일보)
1948. 7. 22.

언론을 통해 국민에게 처음 소개된 이승만의 밥은 '후란시스커 부인의 정성을 다한 간소한 양식 식사'였습니다.

1875년에 태어난 이승만은 1904년 미국으로 건너가 1910년에 프린스턴대에서 박사 학위를 받고 귀국하여 잠시 국내 활동을 하다가 1912년 미국으로 돌아가 1945년 해방될 때까지 그곳에서 살았습니다. 1948년 당시 기준으로 하면 한반도에서 산 기간보다 미국에서 산 기간이 더 깁니다.

이승만의 부인 프란체스카 도너는 오스트리아 사람입니다. 이승만 내외는 1933년 제네바에서 만났고 1934년 10월 뉴욕에서 결혼하였습니다. 프란체스카는 1945년 남편을 따라 한국에 정착합니다. "후란시스커 부인의 정성을 다한 간소한 양식 식사를 마친 박사"라는 문장에는 이승만의 인생이 농축되어 담겨 있습니다.

이승만이 대통령 재임 기간에 어떠한 음식을 먹었는지는 대중에게 노출되지 않습니다. 이승만이 즐겨 먹은 음식은 그가 4·19 혁명으로 하야하고 난 다음에 후일담으로 기록된 것이 대부분입니다. 행정안전부 대통령기록관은 그의 '식사 이야기'를 기록해두고 있습니다. 제목은 "미식가가 사랑한 음식"입니다.

동이 트기도 전, 경무대 요리사인 양학준 씨는 여느 때보다 일찍 출근해 술국을 끓이기 시작했다. 전날 밤 술을 마신 터라 얼른 해장하고 대통령의 식사를 준비할 계획이었다. 국의 재료라고는 북어 머리와 북어 껍질, 파, 고추가 전부였다. 국이 한창 끓기 시작할 즈음, 어떻게 알았는지 이승만 대통령이 잠옷 바람으로 주방에 나타났다. 그런데, 대통령이 호통은커녕 미소를 지으며 아예 자리를 잡고 앉는 게 아닌가. 양학준 씨가 국 냄비를 식탁에 올려놓자 대통령은 국을 대접 가득 떠서 마시며 행복한 표정을 지었다. 영부인 프란체스카 여사는 그런 이승만 대통령을 이해할 수 없었다. 언제나 남편의 건강을 최우선으로 여긴 프란체스카 여사는 양 노인(영부인은 양학준 요리사를 그렇게 불렀다)의 재료에 당근, 양배추, 고기 등을 더해 영양가를 높인 국을 만들어 권했지만, 대통령의 입맛을 돌리지 못했다.

요리사 양학준 씨는 경무대에 들어가기 전 이미 은퇴한 요리사였다. 그런데도 이승만 대통령은 그의 요리를 좋아해 경무대 요리사로 채용했다. 한식과 양식을 두루 조리할 수 있었던 양학준 씨는 60세에 경무대 생활을 시작해 12년 동안 대통령의 음식을 만들었다. (…) 오랫동안 외국 생활을 했던 이승만 대통령은 어머니의 손맛을 그리워했지만, 양식을 찾는 경우도 많았다. 사실, 오랫동안 외국 생활을 했던 이승만 대통령은 양식을 찾는 경우도 많았는데 이 대통령이 양 노인을 좋아한 데는 한식과 양식을 두루 조리할 수 있었던 이유도 있었다.

변변한 음식점은 손에 꼽을 정도로 드문 시절, 미8군 장군 식당이 장안의 인기를 끌었는데, 이승만 대통령도 단골 손님 중 한 사람이었다. 한번은 이곳에서 일하는 한국인 요리사들을 불러 "나 대신 외국인들을 잘 돌봐주게"라고 격려까지 했다고 한다.

이승만 재임 당시 국민은 이승만이 북엇국을 좋아했고 미8군 장군 식당의 단골이었다는 사실을 알지 못했습니다. 당시 언론이 대통령의 음식 같은 것에 관심을 두지 않은 것이 첫째 이유일 것인데, 언론 수용자인 국민도 대통령의 음식 같은 것에는 관심이 없었다고 볼 수도 있습니다.

이승만은 민주공화국의 헌법에 따라 선출된 대통령임에도 왕과 비슷한 대접을 받았습니다. 경무대에서 이승만을 모시는 사람들은 조선 궁중 용어를 썼다는 소문이 있습니다. 이승만의 얼굴은 용안이고, 몸은 옥체이며, 눈물은 옥루라고 했다는 것이지요. 설마 그랬을까 싶겠지만 당시 대통령비서실에서 작성하여 하달한 문건을 보면 아예 근거 없이 떠도는 말이 아님을 충분히 알 수 있습니다. 1959년 12월 24일 대통령비서실에서 내무부장관에게 보낸 문건입니다. 행정안전부 대통령기록관에서 볼 수 있습니다.

교통사고 방지에 관한 대통령 각하 유시 전달에 관한 건.

머리의 건에 관하여 대통령 각하께옵서 분부하시기를 지금 우리 사람들이 교통 규칙을 잘 준수하지 않으며 차량 검사 등 여러 가지 일에 열성 없는 일을 함으로 말미암아 교통사고가 일어나고 있으며 인명 특히 어린 아이들이 아까운 생명을 희생당하고 있으니 이것은 우리가 부모로서 또한 위정자로서 그저 앉아 보고 있을 수 없는 일이니 이번에는 세법이 통과되는 것을 공수기대하지 말고 하기 요령에 따라 철저히 감독하여 교통사고를 전무하게 만들며 인명에 희생이 없게 할 것이라 하시오며 이 뜻을 교통 담당관과 일반 민중에게 알리라 하시오니 명을 밧들어 전달하나이다.

각하께서 분부하시기를, 할 것이라 하시오며. 알리라 하시오니, 명을 밧들어 전달하나이다. 문건에서 '대통령 각하'를 지우고 그 자리에 '임금님'이라고 메워도 자연스럽게 읽힐 것입니다. 이 문건만 유독 별난 것이 아닙니다. 이승만 정부가 생산한 거의 모든 문건이 이런 투의 문장으로 되어 있습니다. 이 문건도 따로 고른 것이 아니며 대통령기록관의 이승만 지시 사항 문건 중 제일 위에 있는 것을 예로 들었을 뿐입니다.

민주공화국이라고 하지만 당시 대한민국은 왕국의 그림자가 짙게 드리워진 상태였습니다. 민주공화국의 대통령을 왕국의 임금님과 크게 다르지 않은 존재로 받아들였습니다. 그러니 이승만의 음식은, 조선 왕의 음식을 백성에게 노출하지 않았듯이 굳이 국민에게 노출할 만한 것이 아니었습니다.

1955년은 이승만이 여든 살 생일을 맞는 해였습니다. 이승만 탄신 경축식이 서울운동장에서 열렸습니다. 이승만 내외는 화동들로부터 꽃다발을 받았고 동원된 학생들이 이들 앞에서 합창을 하고, 춤을 추고, 매스게임을 하였습니다. 세종로로 자리를 옮겨서는 국군 사열식을 하였습니다. 기타 부대 행사로 안익태의 이승만 탄신 축하 공연과 이승만 동상 착공식도 있었습니다. 그리고 이 대통령 제80회 탄신 경축 학생 작품 당선작이 〈경향신문〉에 실렸습니다. 초등학교 2학년생의 시 "우리 대통령"입니다.

우리나라 대통령 이승만 박사
우리나라 아버지 이승만 박사
젊었을 때부터서 여든 살까지
우리 겨레 위해서 싸우셨다오
우리나라 독립시킨 우리 대통령
왜놈들이 무서하는 우리 대통령
공산당이 무서하는 우리 대통령
세계에서 제일가는 우리 대통령
머리털 하야신 우리 대통령

교실에만 가며는 매일 뵙지요
걱정하고 계시는 우리 대통령
남북통일 되며는 웃으시겠지.

이승만은 1960년 3·15 부정선거로 종신 집권을 시도하다가 4·19 혁명으로 하야를 하였습니다. 4월 26일 하야 성명을 내고 28일 경무대에서 나온 이승만은 그의 살림집 이화장에서 한 달간 칩거를 하다가 5월 29일 미국 하와이로 망명을 떠납니다.

〈경향신문〉은 이승만이 이화장을 떠나서 비행기를 탈 때까지 추적을 하면서 그의 말과 행동을 꼼꼼하게 기록으로 남겼습니다. "이 박사 부처 쥐도 새도 모르게 출국"이라는 제목을 붙인 기사 중 일부를 소개합니다.

CAT 사발기는 이미 닿아 있고 미리 와 있던 허 수석이 자동차 문을 열고 인사하다 "날씨도 찬데 뭣하러 나왔어…" 하면서 다 랖을 올라갔다. 기자가 "무슨 남기실 말씀이라도…" 하자 흘깃 돌아보면서 오른손을 약간 흔들어보였다. 뒤따르던 후 여사가 재빨리 "히 쎄즈 레스펙트 더 피플"(그는 국민을 존경한다고 말합니다)이라고 받았다. 비행기에 올라 이 박사는 오른쪽 줄 좌석 앞으로부터 네째 줄 기창 옆 5호 A석에 자리 잡고 후 여사는 왼쪽 네 번째 7호 B석에 따로 앉았다. (…) 허 수석이 아침 식사를 묻자 이 박사는 "아직 안 했어. 이따가 비행기에서 먹지"라고 대꾸하였다. _(경향신문) 1960. 5. 29._

CAT 사발四發기는 아침 8시 45분 '간소한 양식 식사'도 못 먹은 이승만을 태우고 하와이로 날아갔습니다.

저는 1962년생입니다. 이승만 재임 당시 무슨 일이 있었는지 더는 구체적으로 알지를 못합니다. 다만 그와 관련하여 청소년기에 제가 들었던 말 중에 가장 흥미로웠던 것은 "사일구 때 이기붕이네 집에서 수박이 나왔다 아이가"였습니다. 이승만 권력은 4월에 수박을 먹을 만큼 부패했다는 뜻으로 회자되었던 말입니다.

4·19 혁명 시민들은 이기붕을 부정선거의 실질적 우두머리로 보았습니다. 4월 26일 격분한 시민들은 그의 집으로 달려갑니다.

(오전) 9시 반경 데모대의 선두는 무방비 상태이며 사람의 그림자도 없는 이 씨 집으로 돌입, 가구를 길바닥으로 운반하여 불을 지르기 시작했다. 첫물 수박이 나오는가 하면 인삼, 설탕, 양탄자, 침대 등 모든 가구가 사나운 불꽃을 올리면서 타올랐다. "백성의 피를 빨아먹은 놈"이라는 외침이 군중들 사이에서 터져 나오는 찰나 천 환권으로 된 일백만 환 다발 두 뭉치가 나왔다. 이 광경을 본 시민들의 노여움은 극도에 달했고 (…). _(동아일보) 1960. 4. 27._

그로부터 이틀 뒤인 4월 28일 새벽 5시 20분 경무대 비서동 36호실에서 이승만의 양자인 육군 소위 이강석이 그의 친부 이기붕과 친모 박마리아, 친동생 이강욱을 권총으로 쏴서 죽이고 자살을 합니다.

낮 막걸리에
밤 시바스 리갈,
박정희

논둑에서 막걸리 마시는 장군

이승만은 국민과 신분이 달랐습니다. 대한민국은 신분 사회가 아니므로 말을 조금 바꾸겠습니다. 이승만은 국민에 비해 출신 성분부터 특별나 보였습니다. 그는 조선 이 씨 왕가의 혈족이라는 자부심을 가지고 있었으며, 미국에서 받은 박사 학위는 마치 훈장처럼 그의 이름 뒤에 붙어서 다녔습니다. 4·19 혁명 이후 잠시 대통령을 했던 윤보선도 명문가 출신에 미국 유학을 했습니다. 왕국에서는 양반이어야 정치를 할 수 있습니다. 해방 이후 공화국이 설립되었지만 여느 국민과는 다른 사람이 정치를 해야 한다는 생각이 당시에는 크게 번져 있었습니다. 쉽게 말해서 족보와 집안을 따지는 사회였다고 보면 됩니다.

박정희는 어디에 내놓을 만한 가문의 자식이 아니었습니다. 그는 1917년 경북 구미의 농민 집안에서 5남 2녀 중 막내로 태어났습니다. 그의 모친이 뱃속의 그를 지우려고 했을 정도로 가난하였습니다. 그는 1937년 대구사범학교를 졸업하고 1940년까지 문경공립보통학교 교사 생활을 하였습니다.

박정희는 일본인으로서 개와 말의 충성犬馬の忠을 다하겠다는 지원서를 쓰고 만주군관학교에 들어간 후 일본육군사관학교로 옮겨서 졸업해 1944년 일본군 장교가 되었습니다. 식민지 빈농의 아들이 '제국'의 장교가 되었으니 출세에 대한 그의 집념은 대단한 것이었습니다. 해방이 되고 박정희는 대한민국으로 돌아와 육군사관학교를 거쳐 한국군 장교가 됩니다.

박정희는 1961년 마흔넷의 나이에 5·16 군사쿠데타를 일으킵니다. 원래는 김종필이 이끄는 육사 8기와 함께 무력으로 이승만 정권을 무너뜨리고 권력을 쟁취하려는 계획을 세웠으나, 4·19 혁명이 먼저 일어나 미루어졌다가 장면 정부의 무능함을 빌미로 군사쿠데타를 일으켰습니다.

1961년 6월 10일은 권농일이었습니다. 모내기 철에 농민의 일

손을 돕기 위해 정부가 지정한 날입니다. 공무원과 학생, 군인이 동원되어 모내기를 도왔습니다. 이승만은 권농일에 모내기를 했다는 기록이 없습니다만, 1961년에는 윤보선과 국가재건최고회의 의장 장도영이 서울 휘경동 원예시험장에서 열린 행사에 참석하여 모내기를 합니다.

장도영은 쿠데타 주체 세력이 아닙니다. 어쩌다가 쿠데타 우두머리 노릇을 하게 된 것인데, 쿠데타가 성공하고 한 달 조금 넘어서 박정희에 의해 반역자로 몰려 숙청됩니다. 윤보선은 쿠데타 이후 아무 실권도 없는 대통령 자리를 지키다 1962년 3월 22일에 사임을 합니다. 윤보선과 장도영이 모내기를 하고 있는 사진이 권농일 행사를 알리는 신문에 대문짝만 하게 실리지만 쿠데타의 주인공인 박정희는 어디에도 보이지가 않습니다.

당시 박정희는 국가재건최고회의 부의장 자격으로 경기도 주최 권농일 행사에 갑니다. 장소는 화성군에 있는 경기도 채종장이었습니다. 당시 보도에 의하면 권농일 행사는 세 개 반으로 편성이 되었는데, 윤보선과 장도영은 1반이고 박정희는 2반이었습니다. 2반으로 밀려서 신문에는 사진을 남기지 못했지만 박정희는 그의 정치를 상징하는 사진을 남깁니다. 그가 멍석에 퍼질러 앉아서 농부에게 막걸리를 따르는 사진입니다. 이 사진은 대통령기록관에는 없고 박정희대통령기념관 홈페이지에 있습니다.

1962년 6월 3일 김포공항 부근 향서면 내발산리 송병오 씨 논에서 박정희가 모를 내고 동네 노인에게 막걸리를 따르고 있습니다. ⓒ 박정희대통령기념관

    군모에 선글라스를 낀 박정희는 모내기를 끝낸 것인지 군화를 신고 앉았습니다. 그의 앞에 놓인 양은그릇에는 김치나 장아찌 같은 안주가 담겼을 것입니다. 그는 주전자를 들어 막걸리를 따르고 농부는 바가지를 들어 활짝 웃으며 막걸리를 받습니다. 5·16 군사 쿠데타가 국민에게 풍요로운 삶을 제공할 것이라는 메시지를 이 사진에서 읽어내는 것은 자연스런 일입니다.

    이듬해 6월 3일 박정희는 김포공항 근처의 논에 가서 모내기를 합니다. 이때 그는 '인생 컷'을 건집니다. 국가재건최고회의 의장 겸 육군 대장 박정희는 이날 군복을 입지 않았습니다. 반팔 남방

셔츠에 양복바지를 입었습니다. 밀짚모자를 썼고 선글라스이기는 하지만 박정희의 눈이 보여서 권위적인 인상을 주지 않습니다. 그는 막걸리 주전자를 오른손으로 들어 왼손으로 받쳤는데, 잔을 든 농민이 그보다 약간 위에 있는 듯한 사진 각도까지 더해져서 박정희가 깍듯이 예의를 다하여 농민을 모시는 장면으로 연출되었습니다.

1963년 8월 30일 "다시는 이 나라에 본인과 같은 불운한 군인이 없도록 합시다"라는 말을 남기고 박정희는 전역을 합니다. 그해 10월 15일 치러진 선거에서 그는 영호남 농촌 지역 민심을 얻는 데 성공하여 윤보선을 0.97퍼센트 차이로 이기고 대한민국 제5대 대통령이 됩니다.

사 년 뒤인 1967년 제6대 대통령 선거는 박정희와 윤보선의 재대결로 치러졌습니다. 박정희는 여전히 농민의 마음을 흔드는 전략을 구사합니다. 그리고 유세에서 이런 말을 합니다.

나는 농민의 아들로 빈농에서 태어났습니다. 어릴 때부터 우리 농민들이 얼마나 고생을 하고, 우리 농촌에 어떠한 어려운 문제가 있다는 것을 뼈에 사무칠 정도로 체험했기 때문에, 행정부에 들어와서 무엇보다도 우리 농촌의 부흥을 빨리 서둘러야 되겠다고 결심했습니다.

그해 4월 1일, 경기도 포천에서 공화당의 선거 유세가 있었는데 이 자리에서 이도선 씨가 이런 연설을 합니다.

박정희 대통령은 농민과 함께 막걸리도 마십니다. 아마 윤 씨는 막걸리 한 사발을 마시면 보름 동안 설사할 것입니다. _(조선일보)_
1967. 4. 2.

1967년이면 주류 시장에서 막걸리 점유율이 80퍼센트 정도였습니다. 국민 대부분이 막걸리를 마셨습니다. 그 당시에는 막걸리를 마신다는 사실이 사람의 격을 떨어뜨리거나 끌어올리거나 하는 것은 아니었습니다.

박정희 지지 연설을 하는 이도선 씨도 평소에 막걸리를 마셨을 가능성이 높습니다. 그러니까 이 씨가 하는 말을 당시 상황에 맞추어 해석을 하면 "박정희는 대통령이니까 보통의 국민이 마시는 막걸리 같은 거 말고 고급 술을 마셔야 하는데 농민과 함께 '막걸리도' 마십니다. 윤보선은 자신의 신분에 맞게 고급 술을 마실 것입니다"라고 주장하는 것입니다.

박정희는 1969년 3선 개헌을 하여 1971년 대통령 선거에 또 나갑니다. 김대중과 붙어서 이기기는 했는데 부정선거 덕을 본 것임을 그도 잘 알고 있었을 것입니다. 다음 대통령 선거에서 또 김대중과 붙으면 승산이 없다고 본 박정희는 1972년 10월 17일 계엄을 선포하고 친위 쿠데타를 벌입니다. 이를 흔히 '10월 유신'이라고 말합니다.

박정희는 국회를 해산하고 정당의 정치 활동을 정지시킵니다. 야당 국회의원들을 감금하고 고문합니다. 군대를 동원하여 공포 분위기를 조성하고 11월 21일 유신헌법 찬반 투표를 실시합니다. 투표율 91.9퍼센트, 찬성 92.2퍼센트. 유신헌법이 공포되고 박정희는 죽을 때까지 대통령을 할 수 있게 되었습니다.

독재자는 민심을 얻을 필요가 없습니다. 자신을 배반할 국민이 보이면 바로 감옥에 가두고 고문하고 죽여서 자신의 독재를 유지합니다. 박정희는 독재의 도구로 긴급조치를 발동시킵니다. 긴급조치는 9호까지 나오는데, 핵심 내용을 담고 있는 1호와 9호 일부만 보겠습니다.

1. 대한민국 헌법을 부정, 반대, 왜곡 또는 비방하는 일체의 행위를 금한다.
2. 대한민국 헌법의 개정 또는 폐지를 주장, 발의, 제안, 또는 청원하는 일체의 행위를 금한다.
3. 유언비어를 날조, 유포하는 일체의 행위를 금한다.
4. 전 1, 2, 3호에서 금한 행위를 권유, 선동, 선전하거나 방송, 보도, 출판, 기타 방법으로 이를 타인에게 알리는 일체의 언동을 금한다.

5. 이 조치에 위반한 자와 이 조치를 비방한 자는 법관의 영장 없이 체포, 구속, 압수, 수색하며 15년 이하의 징역에 처한다. 이 경우에는 15년 이하의 자격정지를 병과할 수 있다.
6. 이 조치에 위반한 자와 이 조치를 비방한 자는 비상군법회의에서 심판, 처단한다.

이 조치는 1974년 1월 8일 17시부터 시행한다. _긴급조치 1호

1. 다음 각 호의 행위를 금한다.
   - 유언비어를 날조, 유포하거나 사실을 왜곡하여 전파하는 행위
   - 집회·시위 또는 신문, 방송, 통신 등 공중전파 수단이나 문서, 도화, 음반 등 표현물에 의하여 대한민국 헌법을 부정·반대·왜곡 또는 비방하거나 그 개정 또는 폐지를 주장·청원·선동 또는 선전하는 행위.
   - 학교 당국의 지도, 감독하에 행하는 수업, 연구 또는 학교장의 사전 허가를 받았거나 기타 예외적 비정치적 활동을 제외한 학생의 집회·시위 또는 정치 관여 행위.
   - 이 조치를 공연히 비방하는 행위.
2. 제1에 위반한 내용을 방송·보도 기타의 방법으로 공연히 전파하거나, 그 내용의 표현물을 제작·배포·판매·소지 또는 전시하는 행위를 금한다. (…)

이 조치는 1975년 5월 13일 15시부터 시행한다. _긴급조치 9호

박정희의 긴급조치는 국민에게 정치에 대해 아무 말도 하지 말라는 조치입니다. 긴급조치 위반 혐의로 끌려간 국민만 해도 1,000여 명이 넘습니다.
"야, 조심해. 너 그러다가 쥐도 새도 모르게 끌려가."
현재에도 정치적 발언을 금기시하는 이들이 존재하는 것은 이 긴급조치의 영향이라고 볼 수가 있습니다.
박정희의 긴급조치는 국민들 사이에 '막걸리 긴급조치'라는 별칭으로 불리었습니다. 술집에서 막걸리를 마시다가 박정희 욕을 했다고 긴급조치 위반으로 끌려간 국민이 있어 만들어진 말입니다. 막걸리 대통령 박정희가 막걸리에 취해서 내린 긴급조치라는 뜻으로 해석하는 사람들도 있었습니다.
1979년 10월 26일 박정희는 궁정동 안가에서 가수 심수봉과 여자 대학생을 불러 노래하고 술을 마시다가 부하 김재규의 총에 죽습니다. 막걸리 대통령 박정희가 마지막으로 입에 댄 술은 평소에 그가 즐겨 마신다는 막걸리가 아니었습니다. 12월 10일 군사법정에서 당시 비서실장이었던 김계원이 변호사의 반대신문 과정에서 한 말입니다.

변: 만찬에서의 술은 양주였는가?

김: 시바스 리갈이었다.

변: 차 실장(차지철)과 김 부장(김재규)이 술을 못 하므로 대통령과의 대작은 주로 피고인이 했는가?

김: 그렇다.

박정희는 5·16 군사쿠데타가 진행될 때도 술에 취해 있었다는 증언이 있습니다. 대통령으로 재임할 때는 안가에서 매일 저녁 술을 마셨다고 합니다. 그가 막걸리를 좋아한 것이 아니라 막걸리가 마침 그의 앞에 있어 마신 것일 수도 있겠다는 생각도 해볼 수 있을 것입니다.

박정희가 부산 금정산성막걸리와 경기도 고양 배다리막걸리를 특별나게 좋아했다는 이야기가 있으나 그가 죽고 나서 한참 후에 등장하는 후일담이어서 여기서는 따로 언급하지 않겠습니다.

공화국 만찬에 차려지는 왕의 음식

조선의 백성은 왕이 어떤 음식을 먹는지 알 길이 없습니다. 백성에게 왕 자신이 어떤 음식을 먹는지 알릴 이유가 없었기 때문입니다. 1910년 한일병합조약으로 조선 왕가가 일본 왕족에 귀속이 되자, 그러니까 조선이 망하자 조선 왕의 음식이 궁궐 밖으로 나와서 명월관 등 요릿집에서 팔리었습니다. 오백여 년 동안 왕이 먹었던 음식에 일관된 철학이나 계통적인 조리법 등이 있었던 것은 아니었습니다. 그러니까 요릿집에서 궁중 음식이란 이름으로 팔린 왕의 밥은, 비록 궁궐 숙수의 솜씨라 하여도 일종의 마케팅적 분류라고 보는 것이 합리적입니다.

1945년 일본이 패망하고 한반도가 해방되자, 일본은 이용 가치가 없어진 이왕가를 자신들의 왕족에서 떼어냅니다. 해방된 조국은 이왕가를 친일반민족행위자로 취급하였습니다. 일제 강점기 36년 동안 식민지 신민으로 억압과 착취를 견디며 살았던 한반도 민중은 일본 왕족으로 잘 먹고 잘 살았던 이왕가를 두 눈으로 똑똑히 보았습니다. 일본 왕족에서 쫓겨난 이왕가가 귀국도 못 하고 궁핍하게 산다는 소문이 떠돌았으나 이왕가의 종친이라는 이승만조차 그들에게 관심을 두지 않았습니다.

박정희는 1963년 11월 22일에 나라 밖에서 떠돌던 이왕가의 마지막 왕인 영친왕을 국내로 데리고 옵니다. 그 이유에 대해서는 여러 정치적 해석이 있는데 가장 근본적인 이유는 박정희 역시 친일반민족행위자여서 이왕가의 허물이 그다지 큰 문제가 아니라고 여겼기 때문입니다. 일본군 장교였던 그는 자신의 친일 행위에 대한 반성이나 후회 같은 것을 고백한 적이 없었습니다. 일본 장교 출신이 일본 왕족 출신 이왕가를 모시는 것이니 그들끼리는 상호 의리를 지키는 일로 치부되었을 수도 있습니다.

1966년 미국 대통령 린든 존슨이 방한합니다. 국빈 만찬에 궁중 음식이 등장합니다. 대한민국 수립 이래 정부 공식 행사에 조선 궁중 음식이 차려진 것은 이때가 처음입니다.

지난 31일 저녁 중앙청 홀에서 열린 만찬회를 성대히 마치고 가장 흐뭇했던 사람은 육영수 여사와 메뉴 작성에 애썼던 주월영 경기여고 교장 등 7명의 요리학 전문가들. 이날 만찬회의 메뉴는 흰밥, 전복탕, 백김치, 겨자채, 구절판, 신선로, 김 튀김, 전유어, 고추전, 피만전(파전의 오기로 모임_필자주), 불고기, 디저트로 잣박산 강정, 홍삼 등 모두 열여섯 가지. 음식을 우리나라 고유의 궁중 요리로 만들어 환영의 표시를 뜻깊게 했으나 외국인 구미에 맞도록 약간 모더나이즈했다.

불고기의 경우 매운 양념과 냄새를 피해 마늘과 파를 뺐고 마늘 즙을 내서 약간 넣고 참기름도 조금만 넣었다. 신선로의 경우도 기름에 지진 완자를 넣으면 냄새가 나니까 기름을 쓰지 않고 고기를 다듬고 잣가루를 속에 넣은 다음 뜨거운 물에 살짝 데쳐서 넣었다. 김치는 생즙만 약간 넣은 백김치를 사용했고 술은 청주인 보해특주를 썼다. 존슨 대통령은 진지를 거의 다 들고 신선로와 겨자채 2인분을 들었다고. _〈조선일보〉 1966. 11. 3._

1966년은 아직 전쟁의 상처가 아물지 않았을 때입니다. 대다수 국민은 끼니 걱정을 하면서 하루하루를 버티었습니다. 위의 〈조선일보〉의 기사는 존슨이 사흘 동안 대한민국에 머물면서 남긴 것들을 기록하고 있습니다. 이 기사에는 존슨에게 궁중 음식을 대접했다는 것 말고 이런 내용도 포함되어 있습니다.

전무후무한 대규모 환영행사 준비 때문에 (…) 설렁탕, 곰탕, 복덕방 등 지저분한 간판을 떼었고 때아닌 단장 지시에 길가 영세 상인들은 울상이 됐었다. 드러내놓진 못하지만 상인들의 불평도 컸다. (…) 시경이 지난 20일부터 10일 동안 사전 단속한 보안 사범은 광고물 3만 7천 5백 건, 윤락행위 5백 97건, 검팔이 8백 78건을 비롯 모두 4만 4천 7백여 건이었는데 이런 벼락 단속에 무고한 사람들도 퍽 많이 걸려들었을 듯….

1967년 3월에는 서독 대통령 뤼브케가 방한을 하고, 이들에게도 궁중 음식을 내어놓습니다.

4일 아침 부산에 올 뤼브케 서독 대통령 일행의 오찬은 모두 이조 시대의 궁중 음식으로 마련된다. 서울 수도요리학원장인 하숙정 여사가 극동호텔 조리사들을 지휘하기 위해 지난 1일 하오에 내부 음식 준비에 분주하다. 3백만 원의 예산으로 14가지의 궁중 요리 6인분 40상과 2인분 4상을 만든다는 것. 뤼브케 대통령 부처를 위한 음식은 다음과 같다. 신선로, 전어, 전복 조림, 도미 튀김, 물김치, 나물, 불고기, 구절판, 보김치, 대화찜, 다시마

튀각, 족편, 만두국, 떡화채._(경향신문) 1967. 3. 3._

1968년에는 에티오피아의 셀라시에 황제가 방한을 했고, 이들에게도 궁중 음식을 내어놓습니다.

궁중 음식은 박정희 이전만 하더라도 요릿집 음식이었습니다. 당시 요릿집은 남자들의 접대 장소였습니다. 궁중 음식은 화려함이 강조되었지 격조가 있는 음식으로 취급되지는 않았습니다. 박정희는 세 번 연속으로 국빈 행사에 궁중 음식을 냄으로써 국민에게 궁중 음식을 대한민국의 전통으로 받아들이게끔 유도하였습니다.

1971년 제7대 대통령 선거에는 박정희가 출마하지 못하게 되어 있었습니다. 당시 헌법은 대통령을 두 번만 할 수 있게 되어 있었습니다. 1969년 그는 헌법을 날치기로 개정하여 대통령 선거에 또 나갑니다. 김대중과 대결을 벌여 95만 표 차이로 이깁니다. 7월 1일 그는 제7대 대통령으로 취임을 합니다. 이날 취임 만찬에서도 궁중 음식을 냅니다.

이날 저녁 8시부터 박 대통령 내외는 중앙청 메인 홀에서 1백여 명의 특사들을 위해 만찬을 베풀었다. (…) 이날 각국 사절들은 우리나라 고유의 궁중 요리를 곁들인 음식을 들면서 취임 경축 이야기가 끊일 사이 없었다._(조선일보) 1971. 7. 2._

박정희는 1971년 대통령 선거가 자신에게는 정말 마지막이라고 강조하는 연설을 하고 다녔습니다.

"여러분들에게 '나를 한 번 더 뽑아주십시오' 하는 이야기도 이것이 마지막이라고 했습니다."

그러나 박정희는 그럴 생각이 전혀 없었습니다. 그는 죽을 때까지 권좌에서 내려오려고 하지 않았습니다. 자신을 '궁중 음식을 먹고 또 이를 베푸는 왕'이라고 여겼습니다. 1972년 10월 17일 친위 쿠데타를 일으켜 누구에 의해서도 권좌를 빼앗기지 않을 왕이 되었습니다.

1974년 11월 미국 대통령 제럴드 포드가 방한합니다. 국빈 만찬 메뉴는 당연히 궁중 음식이었습니다. 예전과 달라진 것이 있다면 언론에서 대놓고 궁중 음식 만찬을 보도하였다는 것입니다. "궁중 요리를 들며 건배 드높이"라는 커다란 제목 아래 포드가 두 손을 위로 번쩍 들고 답례하는 사진을 게재한 보도도 보입니다.

당시 언론은 중앙정보부 기관원에 의해 기사와 제목이 난도질을 당하고 있었습니다. 〈동아일보〉가 박정희의 언론 탄압에 적극적으로 저항을 하다가 광고가 무더기로 해약되는 바람에 백지 광고 신문이 발행되었던 것이 포드가 방한한 해의 12월입니다. 유신 독재로 언론의 자유가 완전히 죽었던 시기였으므로 박정희에게 민심이 전달되었을 리가 없습니다. 1979년 10월 26일 김재규의 총에 죽기 전까지 그는 조선의 왕처럼 세상 모르고 살았을 것입니다.

박정희의 부록, 전두환과 노태우

박정희의 죽음은 갑작스런 것이었습니다. 절대 권력의 자리가 진공 상태가 되자 무섭도록 강한 태풍이 몰아쳤습니다. 독재자가 죽었으니 민주 세상이 올 것이라는 희망은 '서울의 봄'이란 이름을 남기고 잠깐의 꿈으로 사라졌습니다. 박정희의 부하 전두환이 무력으로 권력을 찬탈하였고, 그 과정에서 수많은 국민이 목숨을 잃었습니다.

전두환과 '전두환 친구' 노태우는 박정희의 부록입니다. 박정희는 '가난한 농민의 자식으로 태어난' 서사라도 있는데 그들은 일찌감치 독재자 박정희의 주변을 기웃거리며 권력 부스러기를 맛보았던 정치군인일 뿐이었습니다. 박정희는 쿠데타 이후 시간이 지나면서 차차 왕이 되어갔는데 그들은 처음부터 왕이었습니다.

왕은 자신이 어떤 음식을 먹는지 백성에게 보일 일이 없고, 그래서 그들의 음식에 대해 쓸 것이 없습니다. 그래서 전두환과 노태우를 아예 뺄까 하였다가 이렇게 부록으로 남겨두는 것이 더 나은 방법일 수 있겠다 판단을 한 것이니 양해를 바랍니다.

정치적 칼국수,
김영삼

욕심 없음을 칼국수로 증명하다

김영삼은 청와대에서 줄창 칼국수만 먹었습니다. 자신을 만나러 오는 사람들에게도 칼국수만 먹였습니다. 대통령인데 농민을 생각해서 밥도 좀 먹어야 한다는 충언까지 떠돌았고, 그래서 가끔 칼국수 대신 설렁탕을 먹었습니다. 다음은 1993년 대통령 취임 1주년을 맞아서 그간의 일을 돌아보면서 쓴 〈조선일보〉 기사입니다.

김영삼 대통령의 1년은 바로 우리나라의 1년이었다. 그의 청와대 입주는 그 자신에게도 인생의 엄청난 변화였겠지만, 우리나라에도 큰 변화를 가져왔다. 청와대 칼국수는 국제적 화제가 됐고, 안가로 상징되던 군사 문화도 급속히 퇴장하고 있다. 일화도 많이 만들어냈다. 얼마 전에 김 대통령은 점심 식단을 대하고 노여움을 표시했다고 한다. 메뉴는 늘 나오던 칼국수였지만, 그 옆에 수육이 두어 점 놓여 있었던 것이다. "누가 이렇게 하라고 했어? 치워!" 계속되는 칼국수-설렁탕에 대통령의 건강을 염려한 비서실이 슬그머니 내놓은 고기 몇 점은 그렇게 해서 치워졌다.
_〈조선일보〉 1993. 12. 31.

칼국수는 저렴한 음식입니다. 가난한 사람들의 끼니입니다. 갖출 것 다 갖춘 사람이 칼국수를 좋아한다고 말하면 욕심이 없어 보입니다. 김영삼의 칼국수는 '욕심 없는 정치인 김영삼'을 상징합니다. 그의 칼국수 옆에다 고기를 놓았던 비서실은 정말이지 눈치가 없었던 겁니다.

김영삼은 경남 거제 부잣집 출신입니다. 그가 태어날 무렵(1928년생)에 그의 집안은 어선을 십여 척 보유하고 대규모 멸막(멸치를 삶고 말리는 시설)을 운영하고 있었습니다. 그가 스물다섯 살에 국회의원이 되어 소신껏 정치 활동을 할 수 있었던 것은 부자 아버지 김홍조의 덕이 컸습니다. 부잣집 아들 김영삼은 어릴 때부터 맛있는 거 다 먹고 자랐을 것입니다. 어릴 때 먹을 것이 없어 칼국수를 자주 먹었고, 그래서 칼국수를 좋아하는 입맛을 지니고 있었던 것은 아닙니다.

"나는 원래 중국 음식을 좋아하는데 대통령 취임 이후 한 번도 먹지를 못했다."

1993년 5월 첸치천 중국 부총리 겸 외교부장과 청와대 오찬을 하는 자리에서 김영삼은 이렇게 말합니다. 자신이 좋아하는 음식을 포기하면서까지 그가 칼국수를 줄창 먹어야 했던 이유는 대체 무엇이었을까요.

조선 시대에 칼국수는 고급한 음식이었습니다. 밀이 귀했기 때문입니다. 한국전쟁 이후 미국의 잉여 밀가루가 원조 물자로 들어오면서 밀가루 음식이 크게 번집니다. 그렇다고 당장에 칼국수를 많이 먹었던 것은 아닙니다. 집에서 해보신 분은 아시겠지만 칼국수는 의외로 손이 많이 갑니다. 밀가루 반죽을 하여 홍두깨로 밀어 반대기를 만들고 접어서 칼로 썰어야 하는 작업은 숙련된 기술을 요구합니다. 집에서 해먹기로는 밀가루 반죽을 손으로 대충 뜯어 넣으면 되는 수제비가 만만합니다.

1962년 박정희는 쌀 가격을 안정시키기 위해 절미 운동(혼분식 운동)을 벌입니다. 가정에서는 이틀에 한 번 밀가루 음식을 먹고, 시장에서는 쌀밥에 잡곡 2할 이상을 섞어 팔게끔 하고, 음식점에서도 쌀밥에 2할 이상 잡곡을 섞고 탕반(국밥)에는 3할 이상 국수를 넣게끔 합니다.

절미 운동 실적은 그다지 좋지가 않았던 것으로 보입니다. 그래서 박정희는 1969년 혼분식에 관한 법을 제정하여 강제화합니다. 식당에서 매주 수요일과 토요일 오전 11시부터 오후 5시까지 밥을 팔지 못하게 하고, 그 밖의 시간에도 쌀밥에다 25퍼센트 이상의 잡곡을 섞도록 하였습니다. 학교에서는 교사가 학생 도시락에 잡곡이 얼마나 들었는지 감독하도록 하였습니다. 식당에서 밥을 못 팔게 하니까 밀가루 음식을 전문으로 내는 분식집과 짜장면집, 칼국숫집 등이 늘어났습니다.

칼국수는 조선에서는 반가의 격조 있는 음식이었지만 이 무렵부터는 서민 음식의 대표 자리를 차지하게 됩니다. 칼국수는 저렴하지만 품격을 떨어뜨리게 하는 음식은 아닌 것이지요. 품격을 갖추고 서민을 대표할 정치인의 음식으로 이만한 것이 또 어디에 있겠습니까.

서울에서 가장 유명한 칼국숫집은 서울 명동(명동교자)과 성북동(국시집)에 있습니다. 명동은 1966년, 성북동은 1969년에 개업을 하였습니다. 박정희의 혼분식 운동이 한창일 때 문을 연 것이지요. 이 두 식당은 조선 반가의 전통대로 칼국수를 요리하는 것으로 소문이 났습니다. 성북동은 경상도식 건진국수, 명동은 충청도식 제물국수 전통을 따르고 있습니다. 이 두 식당은 개업을 하자마자 정치인들의 단골 식당이 되었습니다. 그 당시에 정치인이면 여야 관계 없이 마땅히 혼분식 운동에 적극 참여하는 모습을 보여야 했고, 그래도 정치인인데 조금 격식이라도 있을 법한 칼국수를 먹으려고 했던 것이지요.

그때의 우리 국민처럼 김영삼도 평소에 여기저기에서 칼국수를 먹었을 것입니다. 신문에 보도되기로 '칼국수 먹는 김영삼'을 국민에게 처음 노출한 때는 1990년 4월이었습니다.

민자당 김영삼, 김종필 최고위원과 박태준 최고위원대행의 20일 저녁 '칼국수집 회동'은 웃음소리가 문밖에까지 들릴 정도로 화기로운 분위기에서 약 2시간 동안 진행. (…) 최 부대변인은 "오늘 칼국수집을 택한 것은 자유로운 입장에서 솔직하게 모든 것을 털어놓고 얘기하기 위해서였다는 말씀이 있었다"고 전언.
_〈조선일보〉 1990. 4. 21.

김영삼, 김종필, 박태준 같은 정치 거물들의 칼국숫집 회동은 그 당시 국민들에게는 매우 신선한 충격을 주는 일로 받아들여졌습니다. 그 정도 급의 정치인은 요릿집에서 만나 '사바사바'를 하는 것으로 다들 알고 있었기 때문입니다. 특히 김종필은 요릿집 정치를 상징하는 인물이었습니다.

그날 칼국숫집 회동은 3당 합당 이후 당내 권력 배분 문제를 두고 각 계파의 수장이 모여 협의를 하는 자리였습니다. 이 기사에 등장하는 칼국숫집은 성북동에 있는 김영삼 단골집인데, 그

외에도 정치인들이 자주 들락거리는 식당이었습니다.

3당 합당은 1990년 1월 22일에 있었습니다. 노태우의 민주정의당, 김영삼의 통일민주당, 김종필의 신민주공화당이 민주자유당으로 합당을 한 것입니다. 이를 흔히 보수 대연합이라고 합니다. 김종필은 5·16 군사쿠데타 2인자이고, 노태우는 12·12 군사쿠데타 2인자입니다. 김영삼은 군부독재자 박정희-전두환과 맞서 싸웠던 민주 투사였습니다. 김영삼이 노태우, 김종필과 한배를 탄다는 것은 민주 시민들에게는 큰 충격이었습니다.

1987년 제13대 대통령 선거는 직접선거로 치러졌습니다. 6월 항쟁의 성과였습니다. 군부독재 세력을 밀어내고 민주주의국가로 거듭날 수 있는 기회를 드디어 잡았습니다. 민주정의당 노태우, 통일민주당 김영삼, 평화민주당 김대중, 신민주공화당 김종필이 각각 출마를 하였습니다.

민주 시민들은 김영삼과 김대중의 단일화를 요구하였습니다. 어부지리로 노태우가 대통령에 당선될 수 있기 때문이었습니다. 단일화는 될 듯 말 듯하면서 속을 태우다가 성사되지 않았습니다. 선거는 1노 3김의 4파전이었고 노태우가 당선되었습니다. 후보 득표율은 노태우 36.64퍼센트, 김영삼 28.03퍼센트, 김대중 27.04퍼센트, 김종필 8.06퍼센트였습니다. 김영삼과 김대중이 노태우 앞에서 싸워서 노태우가 이겼습니다.

이어진 1988년 제13대 총선에서는 민주정의당이 125석, 평화

민주당이 70석, 통일민주당이 59석, 신민주공화당이 35석을 차지하여 여소야대 정국이 등장합니다. 야당이 분열되어 있기는 하지만 과반을 차지하지 못한 여당은 힘을 쓸 수가 없게 되었습니다.

'전두환 친구' 노태우는 김영삼과 김대중이 손을 잡는 미래를 걱정하였습니다. 노태우는 먼저 김대중에게 손을 내밀어 함께하자고 제안을 합니다. 김대중은 단호하게 거절합니다. 노태우는 김영삼에게 손을 내밀었고 김영삼이 그 손을 잡습니다. 이 판에 제4당의 김종필이 끼이는 것은 자연스런 일이었습니다.

3당 합당을 반대하는 민심이 거세었습니다. 대학가에서 시위가 잇따랐습니다. 3당 합당을 하면서 3인이 각서를 썼다는 말이 돌았습니다. 김영삼에게 다음 대권을 주기로 노태우와 김종필이 사인을 하여 각자 한 부씩 가지고 있다는 것이었지요. 민주화 동지인 김대중과 단일화하지 못한 김영삼이 '전두환 친구'와 손을 잡은 것은 대통령 욕심 때문이라는 소문도 돌기 시작하였습니다.

"김영삼이가 대통령 병에 걸려서 전두환이 친구 노태우하고 손을 잡았다앗~!"

김영삼은 1992년 대통령 선거 유세를 하면서 3당 합당에 대해 "호랑이를 잡으러 호랑이 굴에 들어간 것"이라고 말했습니다. 그가 대통령이 되어서는 하나회를 척결하고 금융실명제를 실시하는 등 민주개혁을 해낸 것을 보면 3당 합당을 하게 된 그의 진심을 의심할 게 아닌 듯도 합니다만, 3당 합당은 결과적으로 경상도와 전라도를 '갈라치기' 하는 지역주의를 만들어내었고 군부독재 세력에게 보수의 휘장을 두르게 해주어 이때까지 우리 사회 곳곳에서 민주화의 발목을 잡고 있는 것도 사실입니다.

정치는 정치고, 개인 김영삼 입장에서는 자신이 대통령 병에 걸린 욕심쟁이로 취급되는 것에 기분이 좋지 않았을 것입니다. 전두환에 맞서서 23일간 단식을 하였던 '뚝심의 정치인'이지만 작은 말에 마음의 상처를 받을 수도 있습니다.

'내가 욕심쟁이라고? 내가 대통령이 되려는 것이 겨우 부귀영화나 누리려고 그러는 줄 아는 모양인데…'

이런 마음이 생기는 것이 지극히 정상이라고 저는 생각합니다. '오해'는 말로 한다고 풀리는 것이 아님을 여러분도 잘 알 것입니다. 김영삼은 자신이 욕심 없는 인간임을 보여주어야 했습니다. 그렇게 하여 그가 선택한 것은 칼국수입니다. 그래서, 칼국수 옆에는 고기도 못 놓게 하였던 겁니다.

'칼국수'의 몰락

김영삼 대통령은 27일 오전 첫 국무회의를 주재한 데 이어 낮에는 국무위원들과 칼국수 오찬을 함께 들며 향후 국정 운영 방안 등에 관해 45분간 격의 없는 토론을 벌였다. (…) ◇김 대통령=오늘 점심은 청와대에서 여러분들의 첫 식사인 만큼 대단한 줄 알겠지만 칼국수입니다. 앞으로도 청와대 식사는 칼국수나 설렁탕입니다. ◇황산성 환경처 장관=밖에서 이미 알고 들어왔습니다(일동 폭소). _〈동아일보〉 1993. 2. 28.

김영삼 대통령은 29일 낮, 내일 중순 미국에서 열리는 한미재계회의에 참석할 구평회 위원장(럭키금성 회장) 등 우리 측 간부 위원 12명과 오찬을 함께하며 격려. 오찬 서두에서 김 대통령은 "재계의 중요한 분들을 모셨는데, 식단은 지난번 첸치천 중국 부총리와의 오찬 때처럼 칼국수"라는 말로 분위기를 녹이기 시작(…). _〈조선일보〉 1993. 5. 30.

중국 관영 경제지 경제일보는 "김영삼이 칼국수로 손님을 대접하다"라는 기사를 싣고, 중국 정부의 국고에서 지출하는 손님 접대 비용이 너무 많다는 것을 꼬집었다고 한다. 이처럼 앞장서서 절약하는 대통령의 모습은 보기에 좋다고 생각한다. _〈조선일보〉 1993. 6. 24.

김영삼의 칼국수는 그를 청렴결백한 정치인으로 보이게 하는 데 크게 성공을 하였습니다. 청와대에 오는 모든 사람들에게 칼국수를 먹임으로써 자신처럼 청렴결백하게 나라를 위해 일해달라는 메시지를 보냈습니다.

실제로 김영삼은 대한민국을 크게 바꾸었습니다. 하나회를 해체하고 전두환과 노태우를 감옥에 보냈으니 호랑이를 잡으러 호랑이 굴에 들어갔다는 그 진심을 의심하는 국민은 없었습니다. 집권 초기에는 지지율이 83퍼센트이었던 적도 있습니다.

취임 오 년 차에 김영삼에게 악재가 터집니다. 1997년 1월 23일 한보철강이 도산합니다. 차남 김현철이 한보 비리에 연루되어 뇌물수수 및 권력남용 혐의로 체포됩니다. 한보를 시작으로 부도 도미노가 일어납니다. 결국 김영삼 정부는 그해 12월 국제통화기금 지원을 신청하였습니다. 이 무렵의 김영삼 지지율은 6퍼센트였습니다.

"칼국수 잔치는 끝났다"

1997년 2월 24일에 있었던 국회 대정부 질문 현장을 전하는 〈동아일보〉 기사 제목입니다. 그 자리에서는 한보와 김현철의 문제가 집중적으로 거론되었습니다. 아들이 기업의 검은돈을 먹었는데 아버지가 칼국수 먹어보았자 국민 눈에는 위선으로밖에 보이지 않을 것입니다. 김영삼의 진심 따위는 더 이상 중요하지 않게 되었습니다. 그가 칼국수를 먹지 않아도 신문은 김영삼의 칼국수를 보도했습니다. 다음은 〈조선일보〉 칼럼 "칼국수의 정치학/비싼 음식 먹더라도 '정직한 정치' 했으면" 일부입니다.

오늘의 3불출의 으뜸은 뭐니 뭐니 해도 '지금까지 청와대에서 칼국수 한 번 먹어본 적이 없는 사람'들이라는 소리가 있다. 김영삼 대통령은 지난 4년 동안 수천 명의 사람들에게 칼국수 대접을 해왔다. 언젠가 청와대 측에서는 칼국수와 관련, 사회 각계 각층을 대표하는 사람들이 망라되었다면서 큰 업적 중의 하나로 내세우기도 했다. 칼국수는 '깨끗한 정치'를 펴는 검소한 대통령이라는 이미지를 부각시키기 위해 청와대 점심 식탁에 단골 메뉴로 등장한 음식이다. 아무리 맛 좋은 음식이라 해도 매일같이 먹으면 물리는 게 보통이다. 그런 것을 여름, 겨울 가리지 않고 칼국수를 식탁에 올려놓은 대통령의 의지력이며 끈기는 경탄할 만도 했다. 그래서 밀가루 음식을 싫어하는 사람까지도 '검소한' 칼국수 한 그릇을 받아 들고는 감격해 하기도 했다. 이리하여 칼국수는 문민정부의 자랑스런 상징이 되기도 했다. 그러나 칼국수가 정말로 스테이크 요리보다 검소한 음식인지, 또 싸다면 얼마나 더 싼 것인지를 따져보는 사람은 없었다. 그게 궁금해서 칼국수의 재료 값을 알아보았다. _(조선일보) 1997. 3. 25.

논설고문 홍사중은 이 칼럼에서 1인분 칼국수와 1인분 스테이크의 원가를 계산하여 밝힙니다. 당연히 칼국수보다 스테이크가 돈이 더 들어갑니다. 그러나 계산은 크게 중요하지 않습니다. 홍사중은 김영삼이 마음에 안 들고 그래서 칼국수도 마음에 안 듭니다. 그렇게 해서 내리는 결론은 이러합니다.

지금까지 우리 모두가 칼국수에 현혹되어 왔다. 그것은 우리가 어리석어서가 아니다. 조금이라도 우리가 믿고 따를 수 있는 대통령을 갖고 싶은 바람에서 칼국수의 허망으로부터 눈을 돌려 왔을 뿐이다. 그나마 요새는 칼국수의 효험도 떨어졌다. 지금 국민이 절실히 바라는 것은 꾸밈과 거짓이 없는 '정직한 정치'다. 칼국수보다 1천 원이 아니라 2천 원 더 비싼 음식을 먹더라도 정말로 국민이 믿을 수 있는 정치를 지금부터라도 대통령이 펴기를 우리는 갈망한다.

김영삼의 칼국수는 효험이 떨어진 정도가 아니었습니다. 김영삼의 칼국수는 이제 그를 공격하는 도구로 바뀌게 됩니다.

대통령인 아버지가 칼국수를 먹을 때 아들은 호화 룸살롱을 드나들었다. 개혁 사정이 한창일 때 이권에 개입해서 거액의 '활동비'를 챙겼고 아버지의 가장 큰 업적 중의 하나인 실명제를 비웃듯 검은돈의 세탁까지 했다. (…) 이 모든 것이 현철 씨만의 잘못일까. 아들의 무분별한 행동을 아버지가 전혀 모르고 있었다면 말이 안 된다. _(동아일보) 1997. 5. 17.

1997년 5월 29일, 김영삼은 청와대에서 이회창, 박찬종, 이한동, 김덕룡, 이인제 등 신한국당 대선 경선 주자들과 점심을 먹습니다. 김영삼은 불명예를 안고 '지는 해'였습니다. '뜨는 해' 이회창과는 갈등하고 있었습니다. 아무리 뚝심 좋은 김영삼이어도 그 자리에 칼국수를 낸다는 것은 무리였을 것입니다. 그날 대화록을 정리해 보도한 〈한겨레〉 기사의 일부입니다.

> 밖에서는 청와대에서 칼국수만 먹는다고 하는데 오늘은 꼬리곰탕입니다. 여러분들 다니시느라 힘들 텐데 영양 보충 좀 하십시오._〈한겨레〉 1997. 5. 30.

대통령이 농담을 하면 으레 (일동 웃음)이 붙는데 여기에는 없습니다. 다른 언론사의 보도에도 (일동 웃음)은 없습니다. 정치인은 눈치도 빠르고 매우 이기적입니다. 이런 자리에서 김영삼의 칼국수 농담을 받거나 웃으면 자신도 곤란해질 수 있음을 동물적 감각으로 알아차리고 다같이 입을 닫고 있었을 것이라고 저는 추측합니다.

대통령은 그 누구든 임기를 마칠 때 즈음에는 지지율이 떨어지고 괜히 욕을 먹습니다. 이런 것을 레임덕이라고 합니다. 김영삼은 그 정도가 매우 심했습니다. 국제통화기금 때문입니다. 무수한 기업들이 부도를 내고 가장들이 일자리를 잃었습니다. 가족이 흩어지고 길거리에 나앉았습니다. 김영삼이 임기 중 잘한 것이 백 가지, 천 가지라고 해도 국민의 밥그릇이 깨졌으니 김영삼은 '실패한 대통령'으로 낙인이 찍히고 맙니다.

김영삼은 3당 합당으로 대통령이 되었습니다. 3당 합당으로 1990년 탄생한 민주자유당은 1995년 신한국당, 1997년 한나라당, 2012년 새누리당, 2017년 자유한국당, 2020년 2월 미래통합당, 2020년 9월 국민의힘으로 변신을 합니다. 김영삼은 대통령으로 재임 중이던 1997년에 신한국당을 탈당합니다. 이후에 어느 정당에도 들어가지 않았습니다.

김영삼은 군부독재와 맞서 싸운 민주주의자입니다. 저의 분류 방식에 따르면 그는 공화파입니다. 왕당파 계보 안에 넣을 수 없습니다. 그는 3당 합당에 대해 호랑이 잡으러 호랑이 굴에 들어간다고 말하였습니다. 왕당파를 소탕하기 위해 왕당파 소굴에 들어갔다가 빠져나왔으니 공화파로 받아들여야 합니다. 왕당파 국민의힘 당사 벽에 붙어 있는 역대 대통령 사진 중 김영삼 사진은 떼어내어 공화파 정당으로 가져와야 합니다.

김영삼은 1998년 2월 24일 대통령을 퇴임하여 상도동 자택으로 돌아갑니다. 그리고 한 달이 지나서 청와대 음식이 바뀌었습니다.

김대중 대통령의 청와대 음식은 어떤 것일까. 김영삼 전 대통령 시절 칼국수 일변도의 메뉴에 염증이 나 있는 국민들의 관심

사항이다. 김 대통령이 24일 기자 간담회를 하면서 내놓은 음식은 육개장을 주로 한 한식이었다. 그러나 육개장은 맵거나 짜지 않은 편이었다. 반찬은 전과 김치와 깍두기, 도라지나물 등 5가지였다. (…) 김 대통령은 과거 김 전 대통령 시절 칼국수를 먹고 나중에 "배고프다"고 한 말이 전해져 김 전 대통령이 그 후 칼국수를 내놓지 않았다고 밝힌 적이 있다. _〈동아일보〉 1998. 3. 25.

정치 먹방 원조,
김대중

'먹방' 대통령의 등장

"'정치인 먹방'은 김대중 선생님이 원조잖아요. 시장을 다니면서 국민과 함께 음식을 먹으며 대화를 나누는 '정치인 먹방'은 1987년 대통령 선거에서 김대중 선생님이 처음 하신 겁니다."

　김대중을 오랫동안 모신 분이 저에게 한 말입니다. 자료를 뒤져보았더니 그 말이 사실일 수도 있겠다는 생각이 들었습니다. 1987년 11월 13일입니다. 제13대 대통령 선거일 공고를 사흘 앞두고 있었습니다.

김대중 평민당 총재는 13일 아침 국립묘지와 4·19 묘역을 참배하고 대통령 선거에서의 필승을 다짐한 데 이어 오후에는 평화시장과 봉천시장을 찾아 중소상인들과 노동자들의 지지를 호소하는 바쁜 일정. 김 총재는 평화시장 방문 길에 전태일 씨 17주기를 맞아 전 씨의 모친 이소선 씨의 수배 해제 등을 요구하며 노동자들이 농성 중인 청계피복노조 사무실에 들러 (…). 김 총재는 이어 평화시장을 약 1시간 동안 돌며 상인들과 얘기를 나눴는데 대화에 너무 열중, 김 총재는 2시 가까이 되어서야 시장 내 설렁탕 집에서 10여 명의 지지자들을 즉석에서 합석시켜 식사하는 등 평민당 이미지 고양에 역점을 두는 모습. 김 총재를 따라온 상인·노동자들이 식당 밖에서 서성대자 김 총재가 들어와 합석할 것을 요청해 이뤄진 '즉석 식당 간담회'에서 김 총재는 (…). _〈조선일보〉 1987. 11. 14._

제13대 대통령 선거에 출마한 주요 후보는 노태우, 김영삼, 김대중, 김종필이었습니다. 이들 후보는 공식적인 선거기간 이전에도 시장을 돌며 선거운동을 하였습니다. 그 당시 보도된 후보들 사진을 보면 상인이 건네주는 음식을 받아 들거나 막걸리를 따르는 장면을 연출하고 있습니다. '정치인 먹방'은 그 당시 김대중만의 선거전략인 것은 아니었습니다.

박정희가 1972년 친위 쿠데타로 유신헌법을 선포한 이래 대한민국 대통령은 체육관에서 선거인단에 의한 간접선거로 선출되었습니다. 간접선거에서는 대통령 후보가 국민을 직접 만나서 자신에게 표를 달라고 호소하는 일이 없습니다. '황제 추대'와 비슷한 일을 선거라는 이름으로 하였습니다. 제13대 대통령 선거는 직접선거로 치러졌습니다. 6월 항쟁의 성과였습니다.

민주주의국가에서 선거는 축제입니다. 시민들은 각자 자신이 지지하는 정치인을 앞세워서 세를 과시합니다. 유세장에 얼마나 많은 사람들이 모였는지 경쟁합니다. 후보가 내뱉는 연설은 광장을 쩌렁쩌렁 울리고, 자원봉사자들이 '선거 송'에 맞추어 신나게 춤을 춥니다. 박정희-전두환 독재 시대에 이같은 '민주주의 축제'를 우리 국민은 전혀 즐기지를 못하다가 1987년에 제대로 즐기게 되었습니다.

물론 유신헌법 이전에 있었던 대통령 선거도 직접선거였습니다. 1972년 이전에 있었던 역대 대통령 선거에서는 '정치인 먹방' 같은 것을 찾아내기 어렵습니다. 그때도 대통령 후보들이 시장에 가서 상인이 주는 음식을 받아먹었을 수 있습니다. 그와 같은 장면을 언론에 드러내지 않은 것은 음식을 먹는 모습을 보인다고 해서 표를 더 많이 얻을 수 있을 것이라는 생각을 하지 못한 것이 아닌가 추측을 해봅니다.

1972년 이전 대한민국과 1987년 이후 대한민국은 전혀 다릅니다. 1인당 실질국민총소득이 1972년 308만 원에서 1987년 995만 원으로 15년 만에 세 배가 넘게 늘어납니다. 대가족에서 핵가족으로 가족 형태가 바뀝니다. 핵가족은 아파트에 살면서 주말에는 자가용으로 가족여행을 다닙니다. 1980년 컬러TV 시대가 열리면서 〈오늘의 요리〉, 〈맛따라 길따라〉 같은 방송이 등장하고 롯데리아, 맥도날드, 켄터키프라이드치킨 등 세련된 서구식 프랜차이즈가 여기저기 문을 엽니다.

이 15년 동안에 음식에 대한 욕망의 층위가 달라집니다. 단순화해서 말하면 1972년 이전의 음식은 배고파서 먹는 것이고, 1987년 이후의 음식은 즐기기 위해 먹는 것입니다. 1972년 이전에 대통령 후보가 시장에서 순댓국을 먹으면 "대통령 후보가 배가 고파서 먹는구나"라 할 것이고, 1987년 이후에 대통령 후보가 시장에서 순댓국을 먹으면 "대통령 후보가 우리 서민의 음식을 즐길 줄 아는구나"라 할 것입니다. 1987년은 대통령 선거에 '정치인 먹방'이 등장할 만한 여러 조건을 두루 갖추고 있었다 볼 수 있겠고, 서민 친화적인 김대중이 '정치인 먹방'에서 제일 앞서나갔을 수도 있었겠다는 생각을 해봅니다.

그러나 김대중은 제13대 대통령 선거에서 노태우에게 집니다. 1992년 제14대 대통령 선거에서도 김영삼에게 집니다. 1997년 제15대 대통령 선거에서야 이회창을 이기고 대통령이 됩니다.

비빔밥과 마이클 잭슨

김대중은 김영삼으로부터 대통령이라는 자리와 더불어 외환 위기를 물려받았습니다. 그래서인지 '청와대에서 무슨 음식을 먹는다더라'는 화제성 보도가 등장하지 않습니다. 외환 위기 때문에 허리띠를 졸라매고 있는 국민 앞에서 대통령이 한가한 모습을 보일 수 없다고 생각하였을 것입니다. 그 대신 대통령 취임식에 참석한 마이클 잭슨이 신라호텔에서 먹은 비빔밥이 화제가 되었습니다.

1998년 2월 25일 김대중의 대통령 취임식이 있었습니다. 여러 외국 귀빈 중에 마이클 잭슨에 대한 관심이 단연 으뜸이었습니다. 그는 하루 숙박비 450만 원짜리 신라호텔 프레지덴셜 스위트룸에 묵었습니다. 거기서 그가 비빔밥을 먹었다는 뉴스가 떴습니다. 이후에 신라호텔은 그 비빔밥을 MJ비빔밥이란 이름으로 팔았습니다.

고기를 먹지 않는 마이클 잭슨의 식성에 맞춰 호박나물, 표고나물, 삼나물, 두릅 등 흑산도와 울릉도에서 채집한 10여 가지의 봄나물로 맛을 냈다. 한식당 '서라벌'에서 판매 중인 이 비빔밥은 세금과 봉사료를 뺀 값이 3만3천원이다. 호텔 쪽은 "일본인 고객들에게 특히 인기가 좋다"며 "하루에 30~40그릇씩 나간다"고 말했다. 잭슨은 한국을 떠날 때 자신의 전용 요리사에게 보여줄 조리법과 식자재 구입 방법을 챙겨간 것으로 알려졌다.

_〈한겨레〉 1998. 3. 14.

세계인이 보기에 대한민국은 2차세계대전 이후 독립한 신생 국가입니다. 게다가 세계 전쟁사에서 가장 참혹했다는 한국전쟁을 치른 국가입니다. 남북으로 분단된 분쟁 국가이고, 군부가 쿠데타를 일으켜 권력을 찬탈하고, 독재자가 시민들을 학살한 국가입니다. 우리야 오천 년의 역사를 잘 알지만 세계인은 잘 모릅니다.

1960년대부터 30년간에 걸쳐 대한민국은 '한강의 기적'을 만들어냅니다. 1988년 서울올림픽을 개최하면서 대한민국이 세계에서 인정받고 있는 국가라는 자신감을 가집니다. 서울올림픽에 참가한 국가가 160개국입니다. 그 많은 국가의 국민이 우리를 지켜본다는 것은 놀라운 경험이었습니다.

'우리가 이제 못사는 것이 아니구나.'
'우리 것을 이제는 세계에 내놔도 될 정도는 되는구나.'
그러나 정치가 걸림돌이었습니다.

노태우는 군사쿠데타 세력의 2인자였습니다. 1987년 직접선거로 대통령에 당선되었다고 하여도 세계인은 노태우를 보는 순간 독재자 몸에서 나는 피 냄새부터 맡을 것입니다. 쿠데타나 일어나는 정치 후진국은 절대로 매력적인 국가가 될 수 없습니다. 정치적 안정이 국가의 매력도를 결정하는 가장 중요한 요소입니다.

김영삼은 군사쿠데타 세력과 연합하여 집권을 하지만 스스로 문민정부임을 강조합니다. 대통령 선거에서 김영삼이 내세웠던 구호가 '군정 종식'이었습니다. 그는 대통령에 취임하자 바로 하나회를 해체합니다. 군사쿠데타 주동자인 전두환과 노태우를 재판에 회부합니다. 군사독재에서 완전히 벗어난 대한민국은 대외적인 국가 매력도가 급상승을 합니다.

1994년 김영삼은 국정 지표로 '세계화'를 앞세웁니다. 세계무역기구 설립에 따라 맞물려 진행된 국정 쇄신 정책일 것이나, 서울 올림픽 이후 나타난 국가적 자부심을 바탕으로 국민의 호감을 얻어내려는 의도가 다분히 있었습니다. 그러나 김영삼의 세계화는 구호만 요란했지 구체적으로 무엇을 어떻게 하는 것인지 몰라 허둥지둥하다가 외환 위기를 맞고 끝을 맺습니다.

그러나 세계화 정책은 죽지 않습니다. 김영삼 이래 모든 정권이 국가 주요 정책인 듯이 세계화를 입에 올립니다. 우리 것을 세계화하자는데 감히 반대할 사람이 누가 있겠습니까. 세계화는 국민의 호응을 얻어내는 전략적 정책으로 유지됩니다.

세계화 정책에서 감성적으로 가장 큰 호응을 얻어낼 수 있는 것이 음식 세계화입니다. 일상에서 먹는 음식을 세계인이 다같이 맛있게 먹는 것이 곧 최고의 세계화라고 생각하는 것은 매우 자연스러운 일입니다. 자신이 속한 집단의 음식을 맛있게 먹어주는 외부인을 친구로 받아들이는 습성은 인간의 본능에 속하기 때문입니다.

세계화 대상으로 꼽히는 한식 중 하나가 비빔밥입니다. 비빔밥이 한식 중에 특별히 맛있어서 그런 것은 아닙니다. 비빔밥은 일단 차려서 낼 때는 때깔이 예쁘고, 나물들이 섞이어 내는 맛이 한민족 특유의 미적 감각과 연관이 있다고, 한국인이면 그렇게 배웁니다. 세계화 대상으로 비빔밥을 꼽기는 해도 세계인이 두루 맛있게 먹을 것인지는 알 수 없는 일이었습니다. 그때 마침 마이클 잭슨이 나타났던 것이지요.

"세계적인 팝 스타 마이클 잭슨이 비빔밥을 맛있게 먹었다"를 "비빔밥은 세계인이 두루 맛있게 먹을 수 있는 음식이다"로 해석하는 것이 논리적이지 않다는 것을 우리는 잘 압니다. 또한 우리는 유명인이 다녀간 식당에 사람들이 줄을 선다는 것도 잘 압니다. 마이클 잭슨이 비빔밥을 먹었으니까 비빔밥을 먹으려는 세계인이 많이 늘어났을 것이라고 생각하는 것은 일리가 있습니다. 그렇게 비빔밥은 대한민국을 상징하는 음식으로 자리를 잡습니다.

2000년 6월 김대중과 김정일의 남북 정상회담이 평양에서 있었습니다. 14일 만찬은 남한 측에서 준비하였습니다. 남한 요리사가 북한 요리사의 도움을 받아 북한의 재료로 요리를 해서 내는 만찬이었습니다. 그날 김대중과 김정일의 만찬에 나온 밥은 비빔밥이었습니다.

동네 라면 아저씨,
노무현

공군 1호기에서 라면 먹는 대통령

대통령기록관 홈페이지에는 역대 대통령의 공식 자료를 볼 수 있게끔 정리를 해놓았습니다. 노무현 갤러리 하단에 보면 '즐겨 드신 음식'이 있습니다. 클릭을 하면 청와대 전용 식기에 담긴 라면이 나타납니다. 그리고 "식탁 재현: 셰프 천상현(전 청와대 총괄 셰프)"이라고 적혀 있습니다.

 인터넷에서 '노무현 라면'이라 검색을 하면 노무현이 청와대에서 먹었던 라면의 레서피가 상단에 뜹니다. 한 방송에서 청와대에 근무한 요리사가 노무현에게 끓여주었다는 라면을 재현한 적이 있는데 그 레서피가 크게 번져 있습니다. 콩나물과 달걀이 들어가며 후추로 마무리를 합니다.

노무현 주변 인사들의 증언에 의하면 노무현이 라면을 좋아한 것은 맞습니다. 그런데 그가 재임할 당시에는 라면을 좋아한다는 말이 언론을 통해 나온 적이 없습니다. 2005년 어린이날 행사에서 "고구마, 라면도 좋아하는데 지금은 삼겹살이 먹고 싶다"는 말을 했다는 보도가 보일 뿐입니다.

2007년 제17대 대통령 선거에서 이명박이 당선되고 나서 〈매일경제〉가 그의 식성에 대해 보도하면서 전임자인 노무현의 식성을 덧붙입니다. 그의 식성에 대해 꽤 길게 설명하고 있는 이 기사에서도 라면은 등장하지 않습니다.

노무현 대통령 역시 식성이 까다롭지 않은 편이다. 의원 시절부터 식사 메뉴에 불평하지 않는 것으로 알려져 있다. 특히 담백한 맛이 나는 맑은 탕 종류 음식을 즐긴다. 삼계탕은 노 대통령이 가장 좋아하는 메뉴 중 하나인데 청와대 근처 효자동 토속촌 삼계탕집을 즐겨 찾는 것으로 알려졌다. 노 대통령은 부산 출신답게 부산 복집도 자주 찾았다. 대통령 경선 때에도 참모진과 수시로 복요리집에 갔던 것으로 알려졌다. 여의도 옛 민주당사 근처에 있는 부산복집도 노 대통령이 '일반인'(?) 시절 자주 다녔던 음식점이다. 노 대통령은 술을 즐기는 편은 아니지만 반주로 소주 한잔 기울이는 것은 마다하지 않는다. 삼계탕 외에 설렁탕, 된장찌개 등도 노 대통령이 선호하는 메뉴다. 기자단 오찬을 할 때나 외부 인사와 식사할 때도 한식 메뉴를 주로 낸다.
_〈매일경제〉 2007. 12. 24.

국민은 노무현이 대통령으로 재임하는 동안 라면을 즐겨 먹는지 전혀 알지를 못했습니다. 2008년 2월 24일 노무현이 퇴임을 하고 경남 김해 봉하마을로 내려가서 찾아오는 시민들과 어울려 지낼 때에도 노무현이 라면을 즐겨 먹는다는 말은 나오지가 않았습니다.

2009년 5월 23일 노무현이 돌아가시고 나흘이 지났을 때에 장의위원회에서 제공했다는 사진 한 장이 언론을 통해 공개되었습니다. 이 사진을 다루는 기사는 하나같이 건조하였습니다. "2007년 10월 31일 공군 1호기에서 라면 먹는 노무현 전 대통령 부부."

노무현이 라면을 먹는다는 것은, 그의 성장 과정을 보면 전혀 어색한 일이 아닙니다. 없이 살 때에 라면을 많이 먹어 인이 박혔겠거니 하고 받아들일 만한 것입니다. 우리 눈에 어색한 것은 공군 1호기라는 장소였습니다. 황금색의 화려하고 거대한 대통령의 식탁과 의자는 라면과 충돌하고 있습니다.

공간을 압도적으로 지배하고 있는 대통령 상징물들에 의해 라

공군 1호기에서 라면을 먹는 노무현과 권양숙 여사. ⓒ 노무현 대통령 국민장 장의위원회

면은 초라해 보여야 할 것인데, 라면은 전혀 그런 것에 밀릴 생각이 없어 보입니다. 오히려 라면이 권위적인 대통령의 공간을 비틀고 있습니다. 그 자리에 앉아서 라면을 먹는 사람이 노무현이기 때문일 것입니다. 대통령이 아니라 인간 노무현이 평소에 좋아하는 라면을 어쩌다가 공군 1호기 식탁에 앉아서 먹고 있는 겁니다.

'공군 1호기에서 라면 먹는 노무현 전 대통령 부부' 사진으로 노무현은 라면을 즐겨 먹었다는 말이 만들어지지는 않았습니다. 공군 1호기에서 라면을 먹는 것은 일회성 이벤트일 수도 있다고 다들 생각하였을 것입니다.

노무현은 대통령 재임 중에 인기가 없었습니다. 왕당파는 노무현이 대통령으로서 권위가 없다고 욕을 하였습니다. 공화파는 그렇게 욕을 먹는 대통령을 편들지 않았습니다. 노무현을 대통령으로 만드는 데에 결정적 역할을 한 노사모(노무현을 사랑하는 사람들)도 노무현을 덤덤하게 대하였습니다. 공화파 시민은 노무현을 왕으로 모신 것이 아니었기 때문입니다.

노무현이 대통령 임기를 마치고 고향인 경남 김해 봉하마을로 갑니다. 대통령의 귀환이 아닙니다. 왕의 귀환은 더더욱 아닙니다. 동네 아저씨가 대통령으로서의 직무를 마치고 고향으로 돌아온 것입니다. 대통령 임기 동안에는 덤덤하게 대하던 공화파 시민이 그를 반겼습니다. 그러나 후임 대통령 이명박은 전임 대통령 노무현이 불편했습니다.

민주공화국에서는 권력이 국민에게 있습니다. 대통령은 국민의 권력을 임기 동안에만 위임을 받아서 행사하고, 퇴임하면 시민으로 돌아갑니다. 대통령을 왕이라고 생각하는 왕당파는 이게 안 됩니다. 왕당파에게 대통령이 된다는 것은 곧 왕이 되는 것이고, 그래서 왕당파 대통령은 친위 쿠데타를 일으켜서라도 영구 집권을 하려고 합니다. 왕당파 눈에는 퇴임 대통령이 시민으로 보이는 것이 아니라 언젠가는 돌아올 왕으로 보입니다. 노무현 봉하마을 사저를 '아방궁'이라 비난하는 것도 노무현이 언젠가는 돌아올 왕이라는 관념이 반영된 것입니다.

왕당파는 그래서, 정치권력을 쥐면 바로 정적 죽이기에 나섭니다. 왕이 둘이면 안 되기 때문입니다. 왕당파는 특히 정치 보복의 과정에서 권력은 국민에게 있지 않다는 것을 검찰과 언론을 통해서 보여주려고 노력합니다. 공화파의 기를 꺾어버리려는 의도입니다.

노무현이 왕당파에 의해 사냥을 당할 때에 공화파 시민은 어리둥절하였습니다. 그 이전까지만 해도 대통령 후보에 대한 정치적 공격은 보았지만 전임 대통령에 대한 정치적 공격은 처음 겪는 일이었기 때문입니다. 마침내 노무현이 우리 눈앞에 주검으로 놓였을 때에야 깨닫게 됩니다.

'왕이 시민을 죽였구나.'

노 대통령은 맛있게 먹은 음식이라도 그 자리에서 자신에게 더 가져오지 못하게 했다고 한다. (…) 어려웠던 일 가운데 또 하나는 대통령의 밀가루 알레르기. (…) 대통령이 더러 일요일 아침은 쉬라고 직원들을 배려해 조찬 준비를 안 할 때에는 평소 좋아하던 감자, 고구마와 과일 그리고 라면을 챙겨놓았다. 신기하게도 라면에는 그런 알레르기 반응이 없었다는 설명이다._노무현사료관 2012. 2. 7.

노무현은 대통령직을 수행한 평범한 우리 이웃이었습니다. 이 사실을 새삼 국민이 깨달았을 때에 그는 이 세상에 존재하지 않게 되었습니다. 시간이 지나면서 노무현이 평범한 우리 이웃이었다는 증거로 라면을 즐겨 먹는 노무현이 언론을 통해 차츰 노출되었습니다. 청와대 요리사가 방송에 나와서 노무현과의 일화를 소개하면서, 일요일에는 직접 라면을 끓여 드셨다는 말을 하였습니다.

"내가 내 손으로 라면 끓여 먹는 게 뭐 대단한 일이라고."

노무현이 그 방송을 보았다면 이랬을 것입니다.

노무현의 막걸리는 노무현의 막걸리다

노무현은 막걸리 대통령으로 알려져 있습니다.

> 청와대가 최근 오찬·만찬 반주로 잇따라 막걸리를 내놓아 화제다. 1일 청와대에서 열린 노무현 대통령과 경제5단체장 부부 동반 오찬 간담회에는 반주로 막걸리가 나왔다. (…) 노 대통령은 "처음에는 복분자주를, 그다음에는 포도주를 하다가, 최근 쌀 개방 문제 등으로 고민하던 중 생각난 것이 한드미마을의 막걸리였다"며 "아주 맛이 좋다는 얘기를 듣고 계속 이것을 쓰고 있다"고 말했다. _〈국민일보〉, 2006. 4. 2._

노무현은 2005년 5월에 충북 단양군 가곡면 한드미마을에 갔다가 그 동네의 대강양조장 막걸리에 반하여 청와대 공식 술로 사용하게 되었다고 합니다. 노무현 임기 중에는 막걸리를 즐겨 마신다는 말은 없었습니다. 쌀 수입 개방으로 농민이 힘드니까 쌀막걸리라도 많이 마셔주어야 한다는 당시의 사회적 분위기에 맞추어 청와대에서도 쌀막걸리를 내놓는 것이라고 해석하는 것이 적절합니다.

노무현이 막걸리 대통령이라는 이름을 얻게 된 것은 대통령에서 퇴임하고 나서입니다. '노무현 막걸리'로 검색을 해보면 대부분이 봉하마을에서 막걸리를 마시고 있는 노무현 사진을 보게 됩니다. 노무현은 봉하마을에서 벼농사를 지었고 차밭도 가꾸었습니다. 농사꾼이 일을 하다가 막걸리를 한잔하는 것은 자연스런 일입니다. 노무현은 '유명한 농사꾼'이었고, 그래서 막걸리 마시는 사진을 많이 남겼을 뿐이라고 보아야 합니다.

막걸리 대통령으로는 박정희가 이미 유명합니다. 막걸리 대통령 박정희와 막걸리 대통령 노무현이 '막걸리 대통령'이라는 것에서는 다르지 않아 보이나 두 사람이 남긴 사진을 자세히 들여다보면 전혀 다른 세계에 이 둘이 존재합니다. 박정희 사진에서는 '서민에게 막걸리를 따라주며 자신이 서민을 위해 정치를 잘하겠다는 믿음을 주려는 대통령'이, 노무현 사진에서는 '막걸리를 좋아하여 맛있게 마시는 전직 대통령'이 보일 것입니다.

"정치, 하지 마라." 이 말은 제가 요즈음 사람들을 만나면 자주 하는 말입니다. 농담이 아니라 진담으로 하는 말입니다. 얻을 수 있는 것에 비하여 잃어야 하는 것이 너무 크기 때문입니다. 정치를 하는 목적이 권세나 명성을 좇아서 하는 것이라면, 그래도 어느 정도 성공을 할 수도 있을 것입니다. 그래도 성공을 위하여 쏟아야 하는 노력과 감수해야 하는 부담을 생각하면 권세와 명성은 실속이 없고 그나마 너무 짧습니다. _**노무현사료관 2009. 3. 4.**

노무현이 봉하마을에서 논바닥에 퍼질러 앉아 막걸리 병을 들고 더없이 행복한 표정으로 웃고 있는 사진에서 정치인 노무현이 겪어야 했던 고통을 읽습니다.

배고픕니다, 이명박

국밥집 할머니와 국민 성공 시대

노무현 정부의 평균 성장률은 4.3퍼센트였습니다. 임기 중에 국민 소득 2만 달러를 넘었습니다. 노무현의 경제 성적은 나쁘지 않았습니다. 그러나 국민은 생각이 달랐습니다. 아파트 가격이 서울 강남을 중심으로 폭등을 하였고, 그에 따라 부자와 빈자의 양극화는 심화하였습니다. 아파트 가격을 잡으려는 노무현의 여러 정책은 아파트 하나 못 가진 서민의 꿈조차 빼앗는 것처럼 여겨졌습니다. 서민은 노무현에게서 등을 돌렸습니다.

2007년 제17대 대통령 선거에서 한나라당 후보 이명박은 서민의 비틀린 욕망을 건드렸습니다. 임기 동안에 매년 7퍼센트씩 경제성장을 하여 국민소득 4만 달러에 세계경제 7위 국가로 만들겠다는 747공약을 내세웠습니다. 아파트를 반값에 공급하겠다고 약속했습니다. 이명박의 공약에 거품이 잔뜩 끼여 있다는 사실을 국민이 모르는 바는 아니었겠지만, 월급쟁이에서 초고속으로 대기업 CEO 자리에 오른 이명박의 성공 신화가 대한민국 국민의 성공 신화로 이어질 것이라는 막연한 기대를 가지게 하였습니다.

이명박 선거 캠프는 영리하였습니다. '국민 성공 시대'라는 키워드를 뽑아내어 선거 캠페인을 전개하였습니다. 성공한 이명박이 국민을 위해 열심히 일을 하면 국민 모두가 성공할 수 있다는 광고물을 제작하여 크게 히트를 칩니다. "이명박은 배고픕니다"라는 광고입니다.

눈 내리는 밤의 재래시장 골목입니다. 국밥집 할머니가 고기를 썰고 국밥을 말고 있습니다. 국밥집 앞으로 다가오는 발자국 소리가 들립니다. 할머니가 국밥을 말다가 발자국 소리가 나는 쪽으로 고개를 들어서 단골 대하듯이 맞습니다.

"어? 오밤중에 웬일이여? 배고파?"

할머니가 뚝배기를 들고 가게 안으로 들어옵니다.

"맨날 쓰잘데기없이 쌈박질이나 하고 지랄이여. 에휴, 우린 먹고살기도 힘들어 죽겄어!"

할머니는 뚝배기를 던지듯이 식탁에 툭 놓습니다. 푸짐하게 담긴 국밥이 보이고, 이어서 이를 맛있게 먹는 이명박의 얼굴이 화면 가득히 나타납니다.

"청계천 열어놓고, 이번엔 뭐 해낼겨?"

할머니가 뒤로 돌아서 가다 다시 이명박 쪽을 보며 대사를 던집니다.

"밥 더 줘? 더 먹어, 이놈아."

잠깐의 암전에 이어서 음악이 고조되고, 이명박은 국밥을 진심으로 맛있게 먹습니다. 그리고 내레이션이 깔립니다.

"이명박은 배고픕니다."

눈 오는 밤의 가로등과 연탄이 보이고, 행복한 표정의 시민이 국밥집 문을 열고 들어옵니다.

"누구나 열심히 땀 흘리면 성공할 수 있는 시대. 국민 성공 시대를 열기 위해 이명박은 밥 먹는 시간도 아깝다고 생각합니다."

국밥을 맛있게 먹는 이명박 얼굴 위로 할머니의 목소리가 들립니다.

"밥 처먹었으니께 경제는 꼭 살려라잉! 알겠냐?"

활짝 웃는 할머니와 이명박 얼굴이 화면 가득 나타납니다.

"경제를 살리겠습니다. 실천하는 경제 대통령, 기호 2번 이명박이 해내겠습니다."

"이명박은 성공한 사람입니다. 성공한 이명박은, 그러나 아직도 배가 고픕니다. 나라 경제를 살려야 하기 때문입니다. 이명박이 성공하면 국민이 성공합니다. 국민이 성공하기 위해서는 성공한 이명박을 대통령으로 모셔야 합니다."
이 광고물이 유권자에게 전달하려는 내용입니다.

식어서 누런 기름띠가 떠 있는 육개장에 밥을 말아 맛있게 한 그릇 '뚝딱' 비운다. 함께한 수행원들도 후보를 따라 설거지가 필요 없을 정도로 음식을 비웠다. 공식 선거운동 첫날인 27일 대전의 한 음식점을 찾은 한나라당 이명박 후보의 점심 식사 모습이다. 그는 음식 남기는 것을 싫어한다. 어려웠던 시절의 '추억' 때문이라고 한다. 한 측근은 "후보의 이런 식습관 덕에 수행하는 사람들이 오히려 살이 찐다"고 귀띔했다. _〈서울신문〉 2007. 11. 28.

이명박은 대통령 선거 기간 내내 뭔가를 먹습니다. 국수, 순대, 붕어빵, 미역국, 가래떡 등 가리지 않고 입에다 넣습니다. 서민 친화적인 모습을 보이기 위한 '정치인 먹방'이면 절제하는 모습도 보여야 할 것인데 그런 장면은 아무리 찾아도 없습니다. 그는 진심으로 먹습니다. 군대에서 군인들과 밥을 먹는데 군인이 앞으로 나와 환영 노래를 불러주겠다는 말에도 고개를 숙이고 미역국을 입에다 밀어넣습니다.

이명박은 원래 무엇이든 맛있게 잘 먹는 사람이고, 이명박 캠프는 언론을 통해서 '무엇이든 맛있게 잘 먹는 이명박'을 적극적으로 노출하여 이명박에 대한 친밀도를 높이는 전략을 구사합니다. "이명박은 배고픕니다"는 '무엇이든 맛있게 잘 먹는 이명박'에 대한 친밀도에 신뢰도까지 더불어 끌어올리는 효과를 노리고 제작된 것입니다.

인간은 그다지 이성적이지 않습니다. 이성적이지 않으니까 "인간은 이성적 동물이다"라고 강조해서 말하는 것입니다. 선거란 여러 후보 중에서 선택을 하는 일입니다. 정치적 성향이 확실하여 지지 정당이 정해져 있는 유권자가 아닌 경우에는 감성적으로 후보를 선택하는 일이 흔합니다. 그래서 후보는 유권자로부터 더 많은 감성적 선택을 받기 위해 외모와 말씨, 태도 등에 대해 집중적으로 관리를 받습니다. 물론 대부분의 유권자는 자신의 투표가 감성적으로 이루어진 것이라는 말은 하지 않습니다. 자신의 이성이 논리적으로 잘 판단하여 투표했다고 설명합니다. 인간은 감성으로 선택을 하고 이성으로 그 감성적 선택을 설명하기 때문입니다.

"이명박은 배고픕니다"는 유권자의 감성을 크게 흔들었습니다. 광고에 등장하는 가게와 할머니까지 화제가 되었습니다. 여기에 이명박 상대 후보인 정동영이 실수까지 합니다. "이명박은 배고픕니다"가 위장·허위 광고라면서 방영 금지 가처분 신청을 하겠다고 나선 겁니다. 할머니가 광고에 나오는 그 가게의 주인이 아니고, 할머니 고향이 충청도인데 호남 말을 쓰고 있다고 문제를 제기하였습니다. 다큐면 문제이지만 이건 광고이지 않습니까. 이 엉뚱한 비판에 "이명박은 배고픕니다"는 더 크게 화제가 되었고 이명박이 정동영을 큰 표 차이로 이기는 데에 적지 않은 역할을 하였습니다.

청와대의 미국산 쇠고기

미국 대통령 조지 부시(공화당)는 이명박이 대통령 선거에 당선하자 곧바로 전화를 하여 미국에서 보자고 초청하였습니다. 부시는 한미 FTA(한미자유무역협정) 의회 비준과 쇠고기 시장 개방 문제로 마음이 급했습니다. 미국은 곧 대통령 선거인데 당시 민주당 대통령 예비 후보인 힐러리 클린턴과 버락 오바마도 이 문제를 거론하고 있었습니다. 부시는 한국과의 무역 협상에서 일정한 성과를 얻어내어 공화당의 치적으로 삼아야 했습니다. 한국은 사실 그다지 급할 것이 없었습니다.

　한미 FTA 협상에 가장 큰 걸림돌로 작용한 것은 미국산 쇠고기 수입 검역 기준이었습니다. 당시에 미국은 세계동물보건기구(국제수역사무국)로부터 '광우병 위험 통제국'으로 지정이 되어 한국이 수입할 수 있는 미국산 쇠고기는 '30개월 미만의 뼈 없는 살코기'

로 국한되어 있었습니다. 미국은 이 조건을 완화하는 것을 목표로 한국과 협상을 진행하고 있었습니다.

> SBS가 단독으로 입수한 통상교섭본부의 보고서에는 한미 FTA 연내 비준을 위해 대통령 방미 전에 쇠고기 수입 문제를 풀어야 한다고 돼 있습니다. 이를 위해서는 OIE 즉, 국제수역사무국 기준에 따라 미국산 쇠고기를 수입할 가능성도 있습니다. 이렇게 되면 연령과 부위의 제한을 없애고 모든 부위, 모든 연령의 쇠고기 수입을 전면 개방한다는 것을 의미합니다. (…) 이에 따라 협상이 급진전될 경우 빠르면 내일(15일)쯤 미국산 쇠고기 수입 문제가 타결될 가능성도 있습니다. 이에 대해 축산 단체 등은 이명박 대통령의 방미를 앞두고 미국산 쇠고기 수입 문제를 정치적으로 해결하려 한다며 강하게 반발하고 있습니다.
> _SBS 2008. 4. 14.

통상교섭본부에서 언론에 이 같은 자료를 흘린 것은 국내 여론을 동원하여 미국의 압박을 줄여보자는 의도라고 추측할 수 있습니다. 2008년 4월 15일 이명박이 미국으로 떠나는 날에도 "쇠고기 협상이 방미 선물이어서는 안 된다"는 여론이 언론에 보도되었습니다. 국민이 이명박에게 미국에 가서 밀리지 말라는 응원을 보낸 것이라고 해석할 수 있습니다.

4월 18일 한미 쇠고기 협상이 타결되었다는 보도가 나왔습니다. 그런데 보도가 정상적이지 않았습니다. 한국과 미국 정부의 공식적인 발표 이전에 이명박이 먼저 말을 해버렸기 때문입니다. 〈오마이뉴스〉는 이명박이 미국에서 어떠한 행동을 했는지 아주 자세하게 보도하였습니다.

이 대통령은 이날 저녁 미 상공회의소에서 열린 미국 주요 기업인들과의 만찬에 참석해 "FTA에 걸림돌이 되었던 쇠고기 수입 문제가 합의됐다고 들었다"며 쇠고기 협상 타결 소식을 전했다. 12시간 뒤 한국에서 농수산식품부 장관이 발표할 내용을 대통령이 앞서 공개한 것이다. 쇠고기 협상에 대한 국민들의 비판 여론이 거세다는 점 때문에 대통령이 아니라 협상 주체인 농수산식품부에서 발표하도록 했던 청와대의 계획이 수포로 돌아가는 순간이었다. 이른바 기자들에게만 적용되던 '엠바고(보도유예)' 조치를 대통령이 깬 셈이다.
이 대통령의 협상 타결 소식 발표에 참석자들은 일제히 박수를 치며 환영했다. 이 대통령도 흐뭇한 표정으로 "여러분들이 FTA가 반드시 체결돼야 한다는 그런 강한 집념을 보여주셨고, 또 지지를 보내주셨기 때문에 양국의 대표들이 어떻게든 해결하겠다는 생각으로 어제 밤샘 협상을 했다고 들었다"고 치하한 뒤, "새벽에 두 사람(양측 협상 대표)이 잠결에 합의한 것 같다"고 말해 참석자들의 웃음을 자아냈다. (…) 하지만 국민들은 이 대통령이 한미 FTA 비준안 처리를 위해 미국산 쇠고기 수입을 허용한 것 아니냐는 의혹의 눈길을 보내고 있다. 역설적으로 이 대통령은 이날 미국 기업인들과의 저녁 식사에서 '몬태나'산 쇠고기로 만든 요리를 먹었다. 쇠고기 협상이 타결되자마자 그동안 수입이 중단됐던 미국산 쇠고기를 이 대통령이 가장 먼저 맛보게 된 것이다._〈오마이뉴스〉 2008. 4. 18.

이명박이 눈치가 없었습니다. 한국 대통령이면 미국산 쇠고기 수입 문제로 한국에서 걱정하고 있는 국민부터 살펴야 할 것인데 오히려 미국 기업가들에게 "나 잘했지요"라고 자랑을 하였습니다. 국내에서는 이명박이 미국에 선물을 주러 가는 것이 아니냐, 심지어 조공을 바치러 가는 것이 아니냐는 말이 돌고 있었습니다. 이명박은 저러다가 불이 나지 싶은 집에다가 기름통을 투척한 꼴이 되었습니다.

한국은 국토가 좁습니다. 게다가 산지가 70퍼센트입니다. 땅에 유기물도 적습니다. 여름에는 몬순에 장마가 오고, 겨울에는 대륙성기후의 영향으로 혹독한 추위가 다섯 달을 갑니다. 외국에 비해 농업 경쟁력이 낮을 수밖에 없습니다. 그래서 무역 장벽을 낮추면 농민은 큰 타격을 입습니다. 그렇다고 아예 외국과 교역을 하지 않을 수도 없습니다. 우리한테도 팔아야 할 공산품이 있기 때문입니다. 경쟁력 없는 농업 분야에 대해 정부가 해야 할 일은 지원과 격려입니다.

이명박은 미국 기업인들과 몬태나산 쇠고기 스테이크를 먹으면서 한국 농민을 생각했어야 옳았습니다. 그러나 이명박은 자신이 무엇을 잘못했는지 전혀 알지를 못하였습니다. 이명박은 미국 일정을 끝내고 일본을 방문하였습니다. 21일 수행 기자단과 가진 조찬 간담회 자리에서 기름을 부은 집에다 불을 당기는 발언을 합니다.

그는 방미 기간 중 타결된 쇠고기 협상과 관련해 국내에서 부정적인 여론이 일고 있는 데 대해 "(FTA 때문에) 우리 정부가 양보했다면 그건 너무 정치 논리"라고 해명했다. 특히 이 대통령은 "우리 도시민들이 세계에서 가장 값비싼 고기를 먹는다"면서 "질 좋은 고기를 들여와 일반 시민들이 값싸고 좋은 고기를 먹기 위한 것"이라고 쇠고기 수입 배경을 설명했다. _〈서울경제〉 2008. 4. 21.

미국산 쇠고기를 '값싸고 좋은 고기'라고 표현한 것에 대한 반발은 격렬했습니다. 농민은 "한국 대통령이 미국산 쇠고기를 선전한다"라고 비판했으며 소비자는 "미국산 쇠고기가 좋으면 혼자서 다 먹으라"고 힐난했습니다.

2008년 5월에 들면서 광화문 광장에 촛불이 밝혀지고 있었습니다. 4월 29일에 방송된 MBC 〈PD수첩〉의 "미국산 쇠고기, 광우병에서 안전한가"가 일부 영향을 주기는 하였지만, 광화문 촛불 집회는 광우병에 대한 걱정보다는 이명박의 반국민적 배신행위에 자극을 받은 것이라고 해석해야 하는 것이 적절할 것입니다.

5월 22일 이명박은 결국 대국민 담화를 발표하고 국민에게 사과합니다. 정부가 미국과 추가로 협의를 하였는데 "수입 쇠고기의 안전성이 국제 기준과 부합하는 것은 물론, 미국인 식탁에 오르는 쇠고기와 똑같다는 점을 문서로 보장받았다"는 것이었습니다. 그럼에도 집회는 쉽게 가라앉지 않았습니다.

8월 5일 부시가 한국을 방문합니다. 6일에는 이명박과 부시가 오찬을 함께합니다. 이 자리에 한우 갈비구이와 미국산 안심 스테이크가 함께 나오게 됩니다. 청와대 관계자는 "손님에 대한 배려 차원"이라고 언론에 밝혔습니다. 미국 사람이니까 미국산 쇠고기를 내놓는 게 배려라는 것이었습니다. 미국산 쇠고기는 한국에서 팔리지만 한국산 쇠고기는 미국에서 팔리지 않는다는 사실을 알고 있는 국민 눈에 한미 정상의 오찬은 불평등해 보였을 것입니다.

오바마의 불고기 그리고 분짜

외교 행위의 주요 목표 중 하나는 상대 국가의 국민이 자국에 대해 우호적 태도를 보이게 하는 것입니다. 각국의 정상은 이 우호 관계를 위한 외교 행위 주체 중에서 가장 중요한 위치에 있습니다. 대통령이 기자들 사이를 지나가면서 무심히 툭 던진 말 한마디가 외교적 입장의 표현으로 해석되기도 합니다. 아닙니다. 오히려 무심히 툭 던진 그 말 한마디에 진심이 담겨 있다고 생각하기도 합니다. 그래서 각국의 정상은 외교 무대에 등장할 때에 상대 국가의 국민이 호감을 가져줄 만한 아주 작은 무엇을 준비합니다. 미국의 오바마가 한국의 우리에게 그렇게 하였습니다.

2008년 11월 5일 오바마의 미국 대통령 당선이 확정되었습니다. 7일 오바마는 한국 대통령 이명박과 전화 통화를 합니다. 오바마는 "한국과 한국민을 자신이 진심으로 존경하고 있다"고 말합니다. "자신이 하와이에서 자랐고 많은 한국계 미국인들과 접할 기회가 있었기 때문에 한국민과 한국에 대해서 가까운 감정을 갖고 있다"면서 "불고기와 김치를 좋아하고 자신이 가장 좋아하는 점심 메뉴 중의 하나"라고 말합니다.

언론들은 일제히 "오바마, 김치와 불고기 좋아해"로 제목을 달아 보도하였습니다. 당시 이명박 정부는 한식 세계화 붐을 조성하고 있었습니다. 2008년 2월 농림부 발표에 따르면 "한식을 세계 5대 음식으로 육성하기 위해 한식 세계화 기반 구축, 해외 한식당 경쟁력 제고, 한식 및 식문화 홍보, 한식 조리사·경영주 교육 및 해외 진출 지원 등 '한식 세계화 추진 계획'을 수립하고 2008년부터 2011년까지 총 710억 원을 투자할 예정"이었습니다. 한국인이 가장 좋아하는 김치와 불고기를 세계화해야 한다는 말이 크게 돌고 있었는데 오바마가 딱 그 타이밍에 김치와 불고기를 좋아한다고 우리에게 말하였던 것입니다.

2009년 2월에 힐러리 미국 국무장관이 방한합니다. 청와대 만찬 자리에서 이명박은 힐러리에게 오바마가 자신에게 김치와 불고기를 좋아한다고 했다는 말을 꺼냅니다. 마침 만찬 자리에 놓인 김치를 놓고 대화를 이어갑니다. 힐러리는 김치를 다이어트에 좋은 음식으로 알고 있다며 '매직 푸드'라고 표현합니다. 언론은 "클린턴, 김치는 매직 푸드"라는 제목을 달아서 일제히 보도하였습니다.

오바마 정부가 남북 관계와 한미 교역 등에서 과연 친한국적이었는지는 따로 따져야 하는 것이겠지만, 오바마 정부가 한국 국민의 마음을 사로잡는 기술은 매우 뛰어났습니다. 특히 우리 안의 '한식 부심'을 정확히 파악하고 이를 이용하였습니다.

11월에 오바마가 방한합니다. 한미 정상회담을 마치고 오바마와 이명박은 오찬을 함께합니다. 이때 나온 음식은, 물론 여러 음식이 나왔지만 불고기와 김치가 언론에 집중적으로 보도됩니다. 오바마는 '한국을 사랑하는 오바마'로 확실하게 자리를 잡습니다. "오바마의 성씨는 한국의 오 씨"라는 농담이 떠돌았습니다.

2011년 10월 이명박이 방미를 합니다. 미국에 온 이명박에게 오바마는 불고기를 대접합니다. 그것도 한식당에 데려가서 대접을 합니다. 오바마가 불고기를 정말 좋아하는지 알 수 없는 일이나 불고기로 한국인의 마음을 살 수 있다는 사실은 분명히 알고 있었다고 보아야 합니다.

오바마 대통령은 한미 정상회담을 하루 앞둔 12일 오후(현지시간) 버지니아에 위치한 한식당 '우래옥'으로 이 대통령을 초청, 비공식 만찬을 함께했다. 미국 대통령이 외국 정상과의 비공식 만찬을 백악관이 아닌 외부에서 한 것도 이례적이지만, 미국 음식이 아닌 상대국의 전통 음식을 메뉴로 선택한 것도 보기 드문 사례라는 게 청와대 측의 설명이다. (…) 당초 만찬 메뉴를 한정식으로 준비하려고 했으나, 오바마 대통령이 불고기를 먹고 싶다고 해서 바뀌었다는 후문이다. 이 식당 종업원들에 따르면 오바마 대통령은 음식을 모두 비웠다고 한다. _〈파이낸셜뉴스〉 2011. 10. 13.

국가 정상이 초청을 받아 외국을 방문하면 방문 국가의 음식을 먹는 것이 관례입니다. 그래야 초청을 받은 정상이 방문 국가 국민에게서 호감을 얻어낼 수가 있기 때문입니다. 그러니까, 외교 무대에서나 보통 사람들의 일상생활에서나 초청을 받은 사람이 시선을 받게 해주는 것이 예의입니다.

그런데 오바마는 이를 뒤집어버립니다. 이명박을 미국에 초청하여서는 자신이 주인공 노릇을 합니다. '미국에 있는 한식당에서 불고기를 먹는 이명박'은 미국인에게 호감을 얻을 만하지 못하지만 '미국에 있는 한식당에서 불고기를 먹는 오바마'는 한국인에게 큰 호감을 얻어낼 수가 있습니다. 한미 정상의 우래옥 불고기 만찬으로 주목을 받은 사람은 초청을 받은 이명박이 아니라 초청을 한 오바마입니다.

오바마는 음식으로 상대 국가 국민의 마음을 앗아가는 일에 능숙하였습니다. 2016년 5월 오바마는 베트남 하노이의 허름한 식당에서 분짜를 먹습니다. '분짜 흐엉리엔'이라는 식당인데, 우리나라 중소 도시 학교 앞 분식집처럼 보입니다. 오바마는 철제 식탁에 목욕탕 의자 같은 플라스틱 의자에 앉아 맥주를 앞에 놓고 분짜를 먹습니다. 물론 철저히 연출된 것입니다. 이 사진을 본 베트남 사람들은 오바마를 좋아하지 않을 수가 없었을 것입니다.

오바마는 한국에 왔을 때에 기회가 되지 않아서 그랬지, 베트남에서 한 것처럼 한식당에 가서 불고기를 먹고 싶었을 것입니다. 이명박이 미국에 왔을 때에 오바마가 역으로 써먹은 것인데, 이명박 입장에서는 외교적으로 당한 것이라고 보아야 합니다. 한국 대통령이 미국에 초청되어 갔으면 한식당의 불고기를 먹을 것이 아니라, 미국인이 즐겨 먹는 그 무엇을 먹음으로써 미국인의 마음을 얻어야 하는 것이 맞습니다.

외교는 상대 국가의 국민 마음을 얻는 일입니다. 외교 행위는 상대 국가의 입장에서 이해하려고 노력해야 합니다. 한국 언론은 이게 잘 안 됩니다. 국가 정상의 외교 행위를 국내 정치 논리로 해석을 하여 공격합니다. 이에 대한 문제는 문재인 편에서 자세히 다루겠습니다.

세계 5대 식품, 김윤옥의 달걀돌솥밥
한식 세계화에 대한 논의는 이명박 정부 이전부터 있었습니다. 김영삼 정부의 국정 지표가 세계화였습니다. 그 무렵에 우리 음식을 세계화해야 한다는 말이 있었습니다. 일본의 '젠 스타일'처럼 한국도 한식·한복·한옥을 엮어 '한 스타일'로 세계화해야 한다는 사업이 전개되기도 하였습니다. 그때까지는 문화계 내부에서의 논의이므로 크게 주목받을 만한 것은 아니었습니다. 이명박은 달랐습니다. 정부가 대규모 예산을 잡고 적극적으로 한식 세계화를 하겠다고 나섰습니다. 그리고 목표도 제시하였습니다.

"2017년까지 한식을 세계 5대 식품으로 끌어올리겠다."

그 당시에 한식 세계화 사업 담당 공무원에게 왜 2017년까지인지 물었더니 "십 년이면 충분하지 않겠느냐는 것이 위의 뜻"이라고 하였습니다. 문화는 토목처럼 밀어붙인다고 되는 일이 아니라는 것을 그들은 알지 못하는 듯하였습니다. 그리고 목표가 왜 세계 5대인지도 물었습니다. 지금의 세계 5대 식품은 어느 나라 음식들인지도 함께 물었습니다. 그런 것은 누가 정하느냐고도 물었습니다. 답을 내놓을 리가 없습니다.

'세계 5대 식품'은 그 당시에 우리 국민이 언론을 통해 자주 들었던 말입니다. 김치를 '세계 5대 건강식품'이라고 했습니다. '세계 3대'나 '세계 7대'가 아니라 '세계 5대'인 것은 김치의 그 '세계 5대'에서 따온 것이 아닌가 추측을 합니다. 지금도 김치 관련 글마다 '세계 5대 건강식품'이라는 말이 붙어 다닙니다.

'세계 5대'라고 하면 공신력 있는 어느 연구 기관이 인정하였겠구나 하고 막연하게 믿게 됩니다. 그런데 연구 기관들은 몇 대 이런 걸 연구하지 않습니다. 김치가 세계 5대 건강식품이 된 것은 미국의 건강잡지 〈헬스〉 덕택입니다. 이 잡지가 2006년 7월에 올리브유(스페인), 콩(일본), 요구르트(그리스), 렌틸 콩(인도), 김치(한국)를 '세계 최고의 건강 음식'이라며 모아놓았습니다. 세계적 보건 기구나 연구 기관의 발표가 아닙니다. 그냥 기사인데 제목을 거창하게 붙인 것입니다. 이 기사의 작성자는 조안 레이먼드입니다. 건강, 생활, 과학 등등에 대해 여러 매체에 기고를 하는 프리랜서입니다. 건강이나 식품 분야에서 그다지 지명도가 높은 프리랜서도 아닙니다. '건강식품 전문가'로 절대 볼 수가 없습니다. 이 기사는, 굳이 비교하자면 한국의 스포츠 신문에서 낼 만한 '역대급 세계 10대 미인 선정' 기사와 유사합니다.

대체로 3대니, 5대니, 7대니 하는 것은 선정적 제목 장사를 하는 미디어가 붙이는 '낚시성' 수식어입니다. 음식은 문화입니다. 그 어떤 문화이든 순위와 등급이 존재할 수 없습니다. 음식에 몇 대, 몇 대 할 수 없습니다. 그럼에도 한국 정부가 공식적으로 "2017년까지 한식을 세계 5대 식품으로 끌어올리겠다"고 발표하였습니다. 이어서 정부 주도로 한식세계화추진단이 조직되었고 명예회장에 이명박 부인 김윤옥이 추대되었습니다.

이명박이 대통령에 당선되기 전, 김윤옥이 요리를 하는 모습이 텔레비전을 통해 소개된 적이 있습니다. 이명박이 즐겨 먹는다는 달걀돌솥밥을 선보이는 방송이었습니다. 돌솥밥에다 날달걀을 넣고 간장을 부어서 비벼 먹는 음식입니다. 이명박이 가난했을 때에 먹은 추억의 음식이라고 소개하였습니다.

2010년, 김윤옥은 정부 예산으로 《김윤옥의 한식 이야기》라는 책을 냅니다. G20 회의에 참석한 각국 정상에게 한식을 알리기 위해 제작되었다고 합니다. 책에 한식이 등장하기는 하지만 책 속의 주인공은 한식이 아니라 김윤옥입니다. 청와대에서 요리하면서 생활하는 모습을 예쁘게 담은 화보집입니다. 물론 대통령 부인이라고 음식 책을 내지 말라는 법은 없습니다. 대통령 부인인데 음식 전문가일 수도 있기 때문입니다. 《김윤옥의 한식 이야기》에 실려 있는 김윤옥의 약력입니다.

이명박 대한민국 제17대 대통령의 부인. 1948년 외가가 있는 경남 진주에서 태어나 대구에서 성장했다. 대구여고를 졸업하고 이화여자대학교에서 보건교육학을 전공했다. 남편이 기업인과 정치인으로 활동할 때부터 불우 어린이와 노숙자를 위한 자원 봉사, 아동 병원 지원 등에 힘써왔다. 영부인이 된 뒤 대한암협회, 국제백신연구소 한국후원회, 국립중앙박물관회, 예술의전당 후원회 등에서 명예회장으로 봉사하고 있다. 특히 한식세계화 추진단 명예회장으로서 한식의 우수성을 널리 알리는 일에 적극 나서고 있다.

김윤옥의 약력에서 국민이 낸 세금 2억 원을 지원받아서 한식 안내서를 낼 만한 이력을 발견하였는지는 여러분의 눈에 맡기겠습니다.

이명박이 대통령 후보일 때 방송에 나와 보여주었던 달걀돌솥밥이 《김윤옥의 한식 이야기》에 실려 있습니다. 이것도 요리라고 외국 정상에게 선물하는 한식 안내서에 실리는 것이 적당한지도 여러분의 판단에 맡기려 여기에 옮깁니다.

"네, 지금 집에 갑니다." 기업에 근무하실 때, 퇴근 무렵 전화가 오면 어김없이 돌솥에 밥 지을 준비를 합니다. 돌아오셔서 손 씻고 밥상 앞에 앉으면 뜨끈뜨끈한 돌솥밥이 익는 시간이 딱 맞습니다. 신혼 때부터 대통령이 된 지금까지, 남편이 가장 좋아하는 메뉴를 딱 하나 꼽으라면 변함없이 이 요리입니다. (…)

재료(1인분): 불린 쌀 2분의 1컵(90cc), 달걀 1개, 간장 1큰술, 물 2분의 1컵.

만들기: 돌솥이나 뚝배기에 불린 쌀을 넣고 밥물을 부어 밥을 짓는다. 물이 끓기 시작하면 불을 낮추고 밥물이 잦아들 때까지 두었다가 불을 끈 다음 약 10~15분간 뚜껑을 덮은 채로 두어 뜸을 들인다. 밥의 가운데를 숟가락으로 판 다음 달걀을 깨뜨려 넣고 밥을 다시 덮는다. 뚜껑을 닫아서 잠시 두었다가 간장을 부어 밥을 고루 비벼 낸다. 입맛에 따라 참기름을 넣고 비벼 먹어도 맛있다.

이명박은 2013년 2월 24일 퇴임합니다. 대통령 임기 동안에 사용된 한식 세계화 예산은 1,000억 원에 이르렀습니다. 그러나 뚜렷한 성과는 없었습니다. 어느 나라 음식을 '세계 5대 식품'이라 할 수 있을지는 알 수 없으나 2017년이 한참 지난 지금까지, K-푸드가 선전을 하고 있기는 하지만, '한식이 세계 5대 식품에 들었구나' 하는 기분을 느낀 적이 없습니다.

되돌아보면, 한식 세계화 사업은 대통령 부인의 취미가 요리여서 재미삼아 해본 사업이 아니었나 추측을 해봅니다. 어쩌면 이명박과 김윤옥이 한식에 별로 관심이 없었을 수도 있습니다. 이명박을 배출한 정당의 국회의원조차 이 문제에 대해 지속적으로 비난을 한 바가 있습니다.

한식 세계화 사업에 열중했던 이명박 정부, 청와대가 집권 5년간 고가의 해외 와인을 수억 원어치 수입한 것으로 드러나 논란이 예고된다. 3일 새누리당 김재원 의원이 국가기록원 대통령 기록관으로부터 제출받은 자료에 따르면, 2008~2012년 청와대는 모두 3억 4,634만 원어치에 달하는 6,024병의 와인을 구매했다. 이 가운데 수입 와인은 4,734병으로 3억 1,854만 원어치였다. 물량으로는 78.5%, 금액으로는 91.9%가 수입산이었다. 국산 와인은 이를 제외한 일부에 그쳤다. 수입 와인의 평균 구매 가격은 6만 7,300원이었으나, 대다수가 30% 이상 가격 할인을 받은 점을 감안하면 시판 가격으로는 10만 원이 넘는 것으로 추정됐다. 최고가 와인은 '러시아 황제의 샴페인'으로 알려진 소비자가 80만 원 이상의 '루이 로드레 브뤼 크리스탈'로 2011~2012년 모두 18병이 매입됐다. (…) 김재원 의원은 "밖으로는 한식 세계화를 외치던 지난 정부, 청와대가 안으로는 수입 와인을 대량 구매했다는 표리부동한 모습이 매우 실망스럽다"며 "한식 세계화는 보여주기식 이벤트를 앞세울 게 아니라 장기적이고 체계적인 목표와 계획을 수립하는 등 근본적 재검토가 필요하다"고 주장했다. _⟪국제신문⟫ 2013. 11. 3.

시장의 여왕, 박근혜

"이게 서민 음식이에요."

박근혜는 1952년생입니다. 열한 살 되던 해인 1963년에 아버지 박정희가 대통령이 되었으며, 그때부터 '영애'라는 호칭을 달고 청와대 생활을 하였습니다. 1974년 8월 15일 박정희 아내 육영수가 재일교포 문세광의 총격에 사망하고 나서 퍼스트레이디 노릇을 하였습니다. 박근혜는 1976년 새마음 갖기 운동이라는, 박정희의 새마을운동 비슷한 이름의 운동을 시작하면서 퍼스트레이디에서 벗어나 '대한민국의 정신을 이끄는 지도자'로 거듭납니다.

박근혜는 1976년 12월 17일 저녁 8시 KBS 송년 특집 프로그램에 나와서 새마음 갖기 운동의 의미와 한국의 미래에 대한 소신을 밝힙니다.

- 한 해를 보내면서 회고할 만한 일은?

▲올해는 우리의 능력에 대해 깊은 긍지와 자신을 얻었다는 점에 의의가 있다. 우리가 경제나 사회 면에서 어떤 궤도에 올라선 게 분명하고 하면 된다는 소신을 갖고 나가면 세계 강국의 하나로 우리의 힘을 과시할 날이 멀지 않았다는 생각이 든다. 우리가 자신을 가졌다는 것은 바로 비약을 확고히해주는 초석이 된다는 의미에서 참으로 마음 흐뭇하고 기쁜 한 해였다. (…)

- 한국의 내일은 어떤 것인지?

▲한국의 내일은 우리의 정신적인 개발, 그리고 도의 면에서 얼마만큼 물질을 지배할 수 있으냐에 달려 있다. 서로 믿고 살며 따뜻한 인정을 나눌 수 있는 행복한 사회가 되도록 내년에는 새마음 갖기 운동을 적극적으로 폈으면 한다. 이 운동을 벌여 성과를 거두면 우리는 보다 나은 내일을 가질 수가 있고 그렇게 되지 못할 때 우리는 별나라에 갈 수 있는 지혜와 재주를 가졌어도 결코 행복하지 못할 것이다. _(경향신문) 1976. 12. 18.

이때 박근혜 나이가 스물넷입니다. 대학을 졸업하여 외국에서 공부하겠다고 한국을 떠났다가 모친이 사망하여 중도에 돌아온 것이 이력의 전부인 스물네 살 청년에게 주요 언론들이 대한민국의 미래와 국민의 정신세계에 대해 묻고 있습니다.

1977년 1월 19일 박근혜는 최태민을 본부장으로 하는 새마음갖기국민운동본부를 발족시킵니다. 대한구국봉사단, 구국여성봉사단, 서울시의사회, 서울시한의사회 등 여러 단체들이 참여합니다. 박근혜는 하루도 언론에 나오지 않은 날이 없었습니다.

1977년 12월 박근혜는 구국여성봉사단 총재로 임명됩니다. 1979년 5월 구국여성봉사단은 새마음봉사단으로 개명을 하였고, 박근혜는 새마음봉사단 총재가 됩니다. 기업은 새마음봉사단에 직장 단위로 참여를 했으며 학교는 새마음갖기대회에 학생을 동원하였습니다. 박근혜는 '총재님'으로 불리며 가는 곳마다 사람들의 대대적인 환영을 받습니다.

1979년 10월 26일 박정희가 사망하자 11월 20일 새마음봉사단은 해체되고 박근혜는 언론에서 사라졌습니다. 그러나 박근혜는 죽은 것이 아니었습니다. 물밑에서 부지런히 움직였습니다. 새마음봉사단을 근화봉사단으로 이름을 바꾸어 운영하였습니다. 1989년 언론 보도에 의하면 근화봉사단 회원이 20만 명에 달하며 회보 〈근화보〉는 10만 부 이상 발행되었습니다. 박정희 지지 정치 세력이 박근혜 지지 정치 세력으로 바뀌어나갔습니다.

1997년 11월 박근혜는 한나라당에 입당을 하였고 이듬해 대구 달성군 재보궐선거에 출마하여 국회의원에 당선됩니다. 이후 박근혜는 한나라당의 '간판'이 되었습니다. 그가 이끄는 선거마다 승리를 하여 '선거의 여왕'이라는 별명을 가지게 되었습니다.

박근혜의 선거운동은 단순했습니다. 박근혜가 재래시장을 돌기만 하면 언론이 "민생 속으로", "친서민 행보" 등의 제목으로 띄웠고, 한나라당은 자연스럽게 민생을 살피는 친서민적인 정당으로 포장되었습니다. 박근혜는 '선거의 여왕'이라기보다는 '시장의 여왕'이라고 불리는 것이 적절해 보였습니다.

2012년 제19대 총선을 앞두고 박근혜는 새누리당(한나라당 후신)의 비상대책위원장이 됩니다. 12월에는 제18대 대통령 선거가 예정되어 있었습니다. 박근혜는 또다시 재래시장을 돌며 '친서민 행보'를 보이기 시작하였습니다. 이전과 조금 달라진 것이 있는데, 박근혜가 재래시장에서 음식을 먹기 시작했다는 것이었습니다. 당시 언론도 박근혜의 변화를 알아차리고 박근혜의 '먹방'에 관심을 보였습니다.

선대위 출범 이후 처음으로 재래시장을 찾은 박근혜. 평소 시장을 돌 때 음식을 잘 먹지 않았던 박 위원장이 오늘은 유독 여러 번 먹을거리 가게 앞에 서서 음식을 맛봤습니다. 그가 한 시장에서 먹은 음식은 도넛, 생선전, 핫바 그리고 족발. 모두 서민들이 즐겨 먹는 음식이었습니다. 본격적인 선거 체제 전환 이후

'친서민' 행보를 강화한 것으로 풀이됩니다. 특히 족발을 먹던 박 위원장은 족발이 담긴 접시를 바라보며 설명하듯이 '이게 서민 음식'이라고 말하기도 했습니다.
"이게 서민 음식이에요."
박 위원장의 시장 스킨십 강화는 지난 대선 시장에서 서민 행보를 이어갔던 이명박 대통령을 닮았다는 지적입니다. 하지만, 박 위원장은 도너츠와 핫바는 입맛에 맞지 않는지 한두 입만 베어 먹은 뒤 남은 음식을 비닐봉지에 싸갔습니다. _〈오마이뉴스〉 2012. 3. 22.

대한민국 인구 중에 서민이 제일 많습니다. 정치인은 서민의 삶을 잘 알고 있는 것처럼 보여야 표를 얻는 데에 유리합니다. 서민 중에는 '서민 정치인'이 아니라 '서민의 삶을 잘 아는, 서민 아닌 정치인'에 더 호감을 가지는 서민이 많습니다. 평소에 대중교통을 이용하는 정치인보다는 평생 대중교통을 이용해본 적이 없는 듯한데 대중교통 요금을 알고 있는 정치인에게 이끌리는 것이지요.
박근혜는 열한 살 때부터 서민의 삶과는 전혀 무관한 삶을 살았습니다. 재래시장의 족발을 먹으며 "이게 서민 음식이에요"라 하며 주변 사람들에게 들으라고 말하는 것은 자신이 서민은 아니지만 서민의 삶을 잘 아는 정치인임을 알아달라는 뜻입니다.
서민의 삶을 전혀 모를 것 같은데 서민의 삶을 잘 알고 있는 듯이 말하는 박근혜에게 서민은 적극적으로 호감을 보내었습니다. 박근혜도 시장에만 가면 인기가 급상승한다는 것을 잘 알고 있었습니다. 박근혜는 대통령 선거를 시장에서 치렀다고 해도 과언이 아닐 정도로 시장을 사랑하였습니다.

박근혜는 대통령이 되고 난 다음에도 자신의 지지율이 떨어질 조짐이 보이면 시장에 갔습니다. 언론은 그 의도에 맞추어 박근혜가 상인과 이야기를 나누며 물건을 고르거나, 상인이 박근혜의 입에다 음식물을 넣어주는 영상물을 뿌렸습니다. 물론 박근혜의 '친서민 행보'에 위화감을 느끼는 국민도 상당하였습니다. 왕녀가 민정 시찰을 다니는 듯한 분위기는 공화파 시민에게는 당혹스런 일이었습니다.

2016년 7월 29일 박근혜가 여름휴가 중에 울산 신정시장에 갔습니다. 박근혜의 지지율이 급락하고 있을 때였습니다. 이날도 박근혜는 '서민의 삶을 잘 알고 있는 박근혜'를 보여주기 위해 가게에 진열된 것들에 대해 상인과 열심히 말을 나누었습니다.

"이게 다 국산 고춧가루로다가."

"네, 다 국산 고춧가루."

"고추로 맨든 가루. 이건 굉장히 귀하네요."

해당 영상이 뜨자 인터넷에 박근혜를 비난하는 글이 쏟아졌습니다. "박근혜는 고추로 만든 가루를 처음 보는가 보다"라는 내용의 글이 주종을 이루었습니다. 박근혜가 아무리 세상 물정을 모르도 평생을 한국인으로 살았으니까 고춧가루 정도는 알 것이라고 생각해야 할 것인데, 대중의 반응은 전혀 그렇지가 않았습니다. 박근혜의 친서민 행보를 참고 지켜보았던 공화파 시민이 이의를 제기한 것이라고 해석하는 것이 적절할 것입니다. 자신의 무능함을 친서민 이미지로 숨기려는 것에 대한 지적이라고 보아야 합니다.

그러나 왕당파는 '왕녀 박근혜'가 억울해 보였습니다. 그들은 인터넷 댓글을 공화파의 여론 조작으로 보았습니다. 박근혜가 탄핵되고 한참 후에도 그때의 일을 그들은 억울해합니다.

전후 대화를 살펴보면, 일단 박 대통령은 '고춧가루'라는 단어를 직접 언급했고, '굉장히 귀하다'는 것은 '국산 고춧가루'를 가리키는 말이었다. '고추로 만든 가루' 앞에 '국산'이란 단어가 생략됐거나 들리지 않았을 것으로 보는 게 상식적이다. 한국에서만 60년을 산 사람이 고춧가루를 모른다는 자체가 비상식적이다. 그러나 반反보수 진영에서는 "이게 다 국산 고춧가루(인가요)"라는 질문을 없앤 뒤, "고추로 만든 가루… 이건 굉장히 귀하네요"라는 부분만 잘라낸 영상이나 이미지를 뿌렸고, 많은 대중에게 박 대통령을 '고춧가루도 모르는 한국인'으로 각인시켰다. 탄핵 국면에서 이 이미지는 박 대통령을 프랑스혁명 당시의 마리 앙뜨와네트처럼 보이도록 만드는 데 기여했다. 이런 영상과 사진, 기사는 지금도 온라인에서 검색할 수 있다._〈조선일보〉 2022. 8. 20.

억울한 것으로 치자면 박근혜가 감히 마리 앙투아네트만 하겠는지요. 박근혜는 "고추로 맨든 가루. 이건 굉장히 귀하네요"라고 직접 자신의 입으로 말했다는 것이 영상물로 남겨져 있지만 앙투아네트가 말했다는 "빵이 없으면 케이크를 먹으면 되지"는 그가 한 말이 아니라는 것이 공식적인 기록입니다.

박근혜와 앙투아네트가 뭔 말을 하였다는 것과는 무관하게, 박근혜는 무능했고 앙투아네트는 사치를 부렸다는 것이 사실입니다. 굶주린 프랑스 민중이 앙투아네트의 사치를 지적하기 위해 만든 말이 "빵이 없으면 케이크를 먹으면 되지"이고, 무능한 박근혜가 자신의 무능을 숨기기 위해 벌이는 재래시장에서의 이미지 조작 놀이에 시민들이 역겹다고 표현한 것이 "박근혜는 고추로 만든 가루를 처음 보는가 보다"입니다.

박근혜가 탄핵된 것은 고춧가루는 고추로 만든다는 것을 몰랐기 때문이 아니라 자기 주변의 사람들이 국정을 농단해도 모를 정도로 무능하였기 때문입니다.

그렇게 같이 밥 먹기가 힘듭니까?

2013년 2월 박근혜가 대통령에 취임합니다. 그리고 일 년이 지난 시점에 '혼밥'이라는 단어가 대중 속으로 스며듭니다.

> '혼밥'이라고 들어보셨습니까? '혼자 밥 먹는다'는 뜻인데, 요즘 대학 캠퍼스에서 이런 '혼밥족'이 늘고 있다고 합니다. 화면으로 보겠습니다. 밥과 반찬들. 학창 시절 어머니가 싸주신 도시락과 비슷한데요. 자세히 보면 이 밥이 놓여 있는 곳, 다름 아닌 화장실 변기입니다. 또 다른 사진을 볼까요? 라면과 김밥이 구석진 창가에 놓여 있죠. 혼자 끼니를 때우는, 이른바 '혼밥족'들이 인터넷에 올린 인증 사진입니다. _YTN 2014. 3. 18.

1970년대까지만 해도 대한민국의 합계 출산율은 4.5명이 넘었습니다. 한 쌍의 부부가 적어도 넷 이상의 자녀를 낳는다는 뜻입니다. 1980년대 중반 이후 합계 출산율은 2명을 넘지 않습니다. 그 무렵부터 대가족은 깨어져서 대부분 핵가족으로 살게 됩니다. 1990년대 이후에는 맞벌이 가정이 30퍼센트를 넘깁니다. 2010년대에 이르러 가족끼리 같이 밥을 먹는 기회를 제대로 가져보지 못한 아이들이 사회에 나오게 됩니다. 혼밥족이 등장하게 된 배경입니다.

모여서 함께 밥을 먹는 일은 어린 인간의 사회성 발달에 큰 영향을 줍니다. 사실 밥은 혼자 먹는 게 제일 편합니다. 같이 먹는 사람을 배려하거나 눈치를 볼 필요가 없기 때문입니다. 가장 편한 자세로 트림도 하고 방귀도 뀌면서 자신이 먹고 싶은 것만 먹을 수 있습니다. 동물적 본능을 누르고 밥상에 함께 앉은 사람들의 눈치를 보면서 예의를 지키며 밥을 먹는 일은 고됩니다. 그 고된 일에 익숙해지는 과정이 곧 사회화 과정입니다.

혼밥을 할 수밖에 없는 상황에서 혼밥을 하는 것은 문제가 되지 않습니다. 오히려 혼자서 당당히 밥을 먹을 줄 알아야 건강한 정신 상태에 있다고 할 수가 있습니다. 문제는, 혼밥을 하지 않아도 되는데 어떡하든지 간에 혼밥을 하겠다는, 그러니까 사람들의 눈을 피하여 화장실에 숨어서라도 혼밥을 하겠다는 사람들은 사회성에 문제가 있는 것이 아닌지 걱정을 해야 합니다.

혼밥에 대한 걱정과는 정반대로 혼밥을 적극 옹호하는 사람들도 있습니다. 혼자 밥을 먹을 수밖에 없는 상황이라면 당당하게 혼자서 밥 먹는 것을 즐기자는 주장을 넘어서, 밥 먹을 때만이라도 혼자 내버려두면 좋겠다는 호소가 사람들의 공감을 얻기도 합니다. 온종일 생판 처음 보는 사람들을 대해야 하는 감정 노동자는 밥 먹을 때에라도 혼자 있는 것으로 긴장한 신경을 느슨하게 풀어놓아야 할 것입니다. 혼밥이 정녕 싫은데 혼밥을 할 수밖에 없는 독거노인들도 존재합니다. 혼밥을 자주 하는 노인이 빨리 노쇠한다는 연구 자료가 있습니다. 서울시 등 지자체에서는 공유 부엌을 만들어서 1인 가구 주민이 모여 함께 밥을 먹게끔 유도하고 있습니다.

혼밥이라는 단어 하나에는 매우 다양한 사회적·심리적·경제적·문화적 원인과 현상이 담겨 있습니다. 혼밥이라는 단어가 등장하는 사건을 대할 때에는 어떤 의미의 혼밥을 말하고 있는지 찬찬히 살펴야만, 그 혼밥과 관련한 사건에 대한 진상을 제대로 파악할 수가 있습니다.

2016년 12월 7일 국회의 박근혜 탄핵안 표결을 이틀 남겨두고 있었습니다. 정치권에서는 탄핵안에 세월호 참사 당일 박근혜가 청와대에서 허비한 문제의 일곱 시간을 포함시킬 것인지, 삭제할 것인지 논쟁을 하고 있었습니다. 새누리당의 박근혜 탄핵 동조 세력은 '세월호 7시간'을 탄핵안에서 삭제해달라 요구했고 더불어민주당은 세월호 관련 내용은 단 한 글자도 뺄 수 없다고 버티었습니다. 광장에서는 촛불 시민이 당장에 박근혜를 끌어내려야 한다고 외치고 있었습니다.

이날 밤, 〈여성동아〉가 1월호 예고 기사를 인터넷에 띄웁니다. "[여성동아 단독] 前 청와대 조리장이 밝힌 '세월호 7시간'의 비밀"이라는 제목을 달고 있었습니다.

- 식사 모습을 직접 보았나.

▲식사하는 모습을 직접 본 건 아니다. 조리장의 업무는 주방에서 음식을 만드는 것까지다. 식사를 내가는 사람은 따로 있다. 점심과 저녁 식사 시간에 1인분의 음식이 들어갔고, 그릇이 비워져 나왔다는 건 확실하다.

- 주방에선 세월호가 침몰하고 있다는 소식을 접하지 못했나.

▲우리도 언론 보도를 통해 이미 알고 있었다.

- 국가적 재난이 일어난 사실을 주방에서도 알았다면 대통령의 일정이나 식사 장소가 변경될 수도 있다고 생각하고 준비하지 않나.

▲박 대통령의 식사 일정에 갑작스런 변동이 있던 적은 단 한 번도 없었다. 그래서 일단 그날도 예정대로 관저에서 1인분의 식사를 준비하면 된다고 생각했고 실제로 그렇게 차려냈다.

- 늘 1인분만 낸다는 말, 대통령은 늘 혼자 식사한다는 뜻인가.

▲혼자 먹는 것이 가장 좋다고 하는 분이다. 술은커녕 간식도 잘 안 하신다. 박 대통령은 건강식에 관심이 많다. 지방 출장이 있어도 식사는 대체로 혼자 하길 원했다. 그래서 대부분 차에서 먹을 수 있는 유부초밥과 샌드위치 같은 걸 준비하곤 했다. TV에 대통령이 누군가와 함께 식사하는 장면이 나오지 않는 것도 그 때문일 거다.

다음 날 〈여성동아〉 기사를 인용하여 보도한 언론사들은 '박근혜 혼밥'이라는 말을 만들어서 제목으로 붙였습니다. 박근혜가 해외 순방 중에서 호텔에서 혼밥을 했다는 증언도 등장하였습니다. 18일 KBS 〈개그콘서트〉에서 박근혜의 혼밥을 풍자하였습니다. 박근혜는 '선거의 여왕', '시장의 여왕'에 이어 '혼밥의 여왕'이 되었습니다.

사람과 사람 사이에 정치가 있습니다. 정치는 혼자서 하는 것이 아닙니다. 입장과 견해가 다른 사람들을 만나서 경청하고, 조율하고, 결정해야 하는 것이 정치입니다. 그래서 정치인에게는 밥 먹는 것도 일입니다. 회의 자리에서보다 밥을 먹으며 논의해야 잘 풀리는 일도 있기 때문입니다.

대통령은 국가 운영의 책임을 지고 있는 최고위직 정치인입니다. 대통령이 혼자서 밥을 먹는다는 것은 상상할 수가 없는 일입니다. 같이 밥 먹을 일이 없으면 참모들을 모아서라도 함께 밥을 먹으며 이런저런 말을 나누어야 합니다. 그런데 박근혜는 세월호 참사 당일에도 혼자서 밥을 먹습니다.

2014년 4월 16일 인천을 떠나 제주로 향하던 세월호가 진도 앞바다에서 급격한 변침을 보인 후 조난신호를 보낸 시간이 오전 8시 52분입니다. 9시 19분에 YTN이 특보를 냅니다. 세월호에는 제주로 수학여행을 가던 경기도 안산시 단원고 학생 325명과 교사 14명이 타고 있었습니다. 단원고 아이들한테는 가만히 있으라 해놓고 선원은 세월호를 탈출합니다. 그 시간이 9시 39분입니다.

세월호가 완전히 전복되어 골든 타임이 지나고 나서, 박근혜는 10시 20분이 되어서야 서면 보고를 받습니다. 10시 30분경 세월호는 완전히 침몰합니다. 12시에 박근혜는 혼자서 점심을 먹었습니다. 오후 3시 22분 박근혜 전속 미용사 둘이 청와대로 들어와 4시 37분에 떠납니다. 5시 15분 박근혜가 중앙재난안전대책본부에 나타나 이렇게 말합니다.

"다 그렇게 구명조끼를, 학생들은 입었다고 하는데 그렇게 발견하기가 힘듭니까?"

단원고 학생 250명과 교사 11명이 이 사고로 사망하였습니다. 일반인 사망자는 43명으로 총 사망자는 304명입니다.

박근혜 때에 청와대에서 요리사로 근무하였던 천상현은 언론에서 이런 말을 하였습니다.

박 전 대통령은 혼밥을 하는 경우가 많았어요. 행사 같은 데 가면 참석자들과 함께 식사를 해야 할 때가 있잖아요. 그런데 소화를 잘 못 시키다 보니 함께 못 먹고 그냥 올라오곤 했지요. 그래서 저희가 비행기나 기차에서 드시게 김밥이나 샌드위치 같은 간단한 음식을 미리 마련했어요. 그리고 이건 제 생각인데…. 박정희 대통령 돌아가신 후에 거의 혼자 밥 먹던 세월이 18년이

나 된다잖아요. 사람들은 대통령이 혼밥 한다고 뭐라 하지만 그런 세월이 너무 길다 보니 습관이 된 탓도 있지 않을까 싶어요. 탄핵으로 청와대를 나갈 때 마지막 인사를 하는데 스타킹에 구멍이 나 있더라고요. _(동아일보) 2022. 6. 13.

다시 말하지만, 가족이나 오랜 친구처럼 편안한 사람들과 함께 밥을 먹는 것이 아니면 혼밥이 제일 편합니다. 박근혜라고 다르지 않습니다. 어릴 때부터 귀하게 자라서 자신과 친하지 않은 사람들과 함께 밥 먹는 것이 힘들었을 것입니다. 천상현이 관찰한 박근혜의 혼밥을 이해하지 못하는 것은 아닙니다. 그러나 놓친 것이 있습니다. 박근혜는 대통령이란 사실입니다. 개인 박근혜는 그래도 되지만 대통령 박근혜는 그러면 안 됩니다.

대통령은 사적 존재가 아닙니다. 헌법기관입니다. 대통령이 먹는 음식은 검식관이라는 공무원이 먼저 먹고 문제가 없는지 확인합니다. 대통령이라는 헌법기관을 보호하기 위한 것입니다. 대통령은 혼자 밥 먹는 것이 편해도 혼자 밥을 먹으면 안 되는 존재입니다. 대통령에게는 밥 먹는 것도 업무입니다. 박근혜는 자기 하나 편하자고 헌법기관으로서의 대통령에 충실하지 못하였습니다. 탄핵당해 마땅한 대통령이었습니다.

평화의 맛,
문재인

내가 만난 문재인

앞의 글들은 관찰자 시점에서 썼습니다. 문재인 편은 다릅니다. '문재인의 음식'에 제가 개입을 하였기 때문입니다. 제가 메타 인지를 최대한 가동한다 해도 객관적인 시선을 유지하는 것은 어렵습니다. 관찰에 '주장이나 변명이 많겠구나' 하고 한 수 접어서 봐주셔야 합니다.

2016년 12월 9일 박근혜 대통령 탄핵소추안이 국회에서 가결되었습니다. 박근혜는 대통령 권한 행사가 정지되었고 국무총리 황교안이 대통령권한대행을 맡았습니다. 헌법재판소에서의 탄핵 인용을 의심하는 사람들은 없었습니다. 국정 농단의 실체가 거의 다 드러나 있었기 때문입니다. 정치권에서는 조기 대선 준비에 돌입하였습니다.

2017년 1월 14일 문재인 지지 모임인 더불어포럼의 창립식이 열렸습니다. 저는 포럼의 공동 대표로 참여하였습니다. KBS 〈아침마당〉 제작진이 제게 전화를 하여 예정되어 있던 방송 출연을 중단한다고 통보하였습니다. KBS의 내부 규정에도 없는 부당한 출연 중단이었습니다. 문재인은 이에 대한 항의 표시로 당신도 KBS에는 출연하지 않겠다고 통보하였습니다.

제가 〈아침마당〉에 출연하여 방송하려고 했던 것은 제철 농수축산물 고르는 요령이었습니다. 문재인 캠프에서 이렇게 된 마당에 우리끼리 시장에서 농수축산물 고르는 요령을 제작하여 송출하자는 아이디어를 내었습니다. 마침 설이 다가오고 있어 홍보 영상물로는 매우 적절해 보였습니다.

대통령이나 유력 대통령 후보가 시장에 무턱대고 가는 경우는 없습니다. 동선을 미리 짭니다. 들러야 할 가게도 섭외를 해둡니다. 가게에 들어가 앉을 자리와 설 자리, 사야 할 것과 먹어야 할 것들도 정해둡니다. 물론 즉흥적인 일도 벌어지지만 정교하게 준비를 하는 것이 원칙입니다. 그렇게 하지 않으면 사고가 날 수도 있기 때문입니다.

1월 21일 서울 동작구 성대전통시장이었습니다. 문재인과 함께 시장을 돌기 전에 연출자가 다가와 제 귀에다 이렇게 속닥였습니다.

"시장 안에 과자 가게도 있습니다. 거기서 후보님한테 과자를 먹게 하셔야 합니다."

문재인의 성품을 조금은 아는 저는 이렇게 말했습니다.

"안 드시려고 하겠지만, 일단 시도는 해보겠습니다."

정치인은 먹방을 잘해야 합니다. 무엇이든지 맛있게 잘 먹는 정치인을 유권자가 좋아하기 때문입니다. 문재인 지지를 선언한 저는 문재인이 무엇이든 맛있게 잘 먹어주었으면 좋겠다고 생각하였습니다. 과자 진열대 앞에서 저는 문재인에게 과자 좀 드시라고 서너 차례 유도를 하였고, 겨우 과자 한 조각을 입에 넣는 장면을 찍었습니다.

그날 제가 분명하게 느낀 것은, 문재인은 정치인의 재래시장 먹방을 그다지 좋게 생각하지 않고 있다는 것이었습니다. 그럼에도 포털에서 '문재인 재래시장 먹방'으로 검색을 하면 수많은 사진을 볼 수가 있습니다. 정치인은 선거에서 지면 백수와 진배없습니다. 이기는 것이 제일 중요합니다. 재래시장 먹방이 아무리 싫어도 선거에서 이기려면 해야 합니다. 국민의 수준에 맞추어야 하는 것이 정치인의 숙명입니다.

청와대에서 문재인의 의전을 담당했던 탁현민이 저와 함께 팟캐스트 〈밥 한번 먹자〉를 진행한 적이 있습니다. 음식과 정치를 재미나게 뒤섞은 프로그램이었습니다. 꽤 인기가 있어서 팟캐스트용으로 제작된 프로그램임에도 음식 전문 케이블 채널에 판매되기도 하였습니다.

탁현민은 정치인이 먹는 음식이 곧 메시지임을 잘 아는 연출가입니다. 어떤 행사에 어떤 음식을 내놓을 것인지 늘 고민하였습니다. 그가 그런 고민을 하는지 어떻게 아느냐 하면, 가끔 저에게 전화하여 물었기 때문입니다. 저는 탁현민한테 행사의 내용과 의미 혹은 의도, 참석자 등을 듣고 그에 어울릴 만한 스토리가 담긴 음식을 추천해주었습니다.

행사 식탁을 차리는 일에는 기획자가 공개되지 않아야 합니다. 식탁에 놓인 음식의 스토리는 그 식탁에 앉아 음식을 먹는 사람들의 것으로 귀속되어야 하기 때문입니다. 이게 지켜지지 않으면 음식에 담긴 메시지가 깨지거나 약해집니다. 예를 들겠습니다.

2017년 11월 미국 대통령 트럼프가 방한하였을 때에 청와대 만찬에 독도새우가 올라 화제가 되었습니다. 그 자리에는 일본군 위안부였던 이용수 할머니도 계셨습니다. 만찬 이후에 일본이 발칵 뒤집어졌습니다.

문재인은 2015년의 위안부 한일 합의에 반대를 하고 있었고,

특히 일제 강점기 독립운동가들을 새로이 보여줌으로써 대한민국 역사를 바로 세우려는 노력을 하고 있었습니다. 한미 정상의 만찬 식탁에 올려진 독도새우는 문재인이 일본을 어떻게 대할 것인지 미국에 알리는 것처럼 보였습니다. 그러니까 독도새우는 문재인의 독도새우이지 그 어느 누구의 독도새우일 수가 없습니다. 많은 사람들이 독도새우는 누구의 아이디어인지 궁금해했습니다만 아무도 모릅니다. 저도 모릅니다. 탁현민한테 물어도 모른다고 대답할 것입니다. 아니면 농담처럼 이렇게 말할 것입니다.

"문재인 대통령님 아이디어였지 않았을까요?"

제가 개입하였던 문재인 정부의 행사 음식 중 공개된 것이 있습니다. 원래 공개적으로 한 행사가 한 건 있고, 비공개로 하려던 것인데 한 언론사가 공개해버리는 바람에 어쩔 수 없이 노출된 행사가 두 건 있습니다. 이 셋은 스토리가 엮이어 있습니다. 평창 동계올림픽 200일 전 행사와 평창 동계올림픽 개막식 만찬 그리고 판문점 남북 정상회담 만찬까지 셋입니다.

"개마고원, 개마고원, 개마고원!"

2017년 5월 10일 문재인의 대통령 임기가 시작되었습니다. 2018년 2월 9일 열리게 될 평창 동계올림픽이 정상적으로 열릴지 다들 걱정하는 분위기였습니다. 박근혜 탄핵 때문에 준비가 제대로 되지 않아 반납해야 하는 것이 아니냐는 말까지 돌았습니다.

"북한이 참가한다면!"

당시에는 꿈같은 일이었지만, 저는 이를 감지하고 있었습니다. 문재인은 노무현의 친구이고, 노무현은 김대중의 후계자입니다. 김대중과 노무현은 대통령 임기 중에 북한을 방문하였고 그때에 남북 관계는 썩 좋았습니다. 북한은 문재인을 기다리고 있었을 것이라고 저는 생각하였습니다.

평창 동계올림픽 개막식이 있기 200일 전(2017년 7월 20일)에 평창에서 동계올림픽 성공 기원 행사를 한다고 저에게 행사 음식 준비를 부탁하였습니다. 우리끼리의 행사이니까 잔칫집 분위기를 내는 것이 좋겠다고 판단하였습니다. 평창 재래시장에서 번철을 놓고 감자전이며 메밀전병을 부치는 할머니들을 모셔왔습니다. 감자전은 채 썬 감자를 넣는 변화를 주었습니다. 강릉에도 올림픽 경기장이 있으니 초당두부를 이용한 요리까지 하여, 막걸리 마시기에 딱 좋은 세트 안주가 되게 하였습니다.

행사에는 문재인이 참석하였고, 제가 행사 참석자들에게 음식 설명을 해야 했습니다. 방송 카메라도 여러 대가 와 있었습니다. 음식은 설명을 듣고 나서 먹게끔 하였습니다. 제가 강조했던 내용은 이렇습니다.

"감자 하면 다들 강원도를 떠올리지만, 분단 이전에는 개마고원 감자가 유명했습니다. 평창 동계올림픽에 북한이 참여한다면 개마고원 감자로 요리를 하여 함께 나눠 먹으면 좋겠습니다."

북한은 평창 동계올림픽 참가를 결정하지 못하고 있을 때였고, 날짜로 보아 북한 참가는 어렵지 않겠는가 하는 말이 있었습니다. 문재인은 저의 음식 설명에 이어서 마이크를 잡고 "마지막까지 북한 참가의 희망을 놓지 않을 것"이라고 했습니다.

감자는 신대륙 작물입니다. 우리 땅에서 본격적으로 재배를 한 것은 1890년대 이후입니다. 함경도와 강원도 등 산간에 주로 심었습니다. 일제가 1930년대 개마고원을 관통하는 혜산선을 놓고 거기에다 감자를 집중적으로 심었습니다. 감자는 전분으로 가공하여 운송을 하였는데, 혜산선을 타고 길주까지 와서 다시 함흥으로 보내졌습니다. 전분은 녹말이고 녹말의 함경도 사투리가 농마입니다. 함흥의 개마고원 감자전분으로 뽑은 국수가 농마국수이고, 이 농마국수가 분단 이후 남으로 내려와서 함흥냉면이라는 이름을 얻었습니다.

감자는 북한의 주요 식량 자원입니다. 북한의 김 씨 일가는 대대로 감자를 거둘 때가 되면 개마고원에 가서 감자 작황을 살피는 사진을 찍습니다. 한반도가 남북으로 분단이 되면서 우리는 개마고원 감자와 이별을 하게 되었고, 남한에서는 감자 하면 강원도를 떠올리게 되었습니다.

남북 분단 이전에 우리 민족이 함께했던 날들을 개마고원 감자 스토리로 풀어서 평창 동계올림픽 만찬장에 내놓고 싶었습니다. 2018년 1월 1일 김정은이 신년사에서 북한이 동계올림픽에 참여할 의사가 있다고 밝혔고, 11일에 북한의 동계올림픽 참가가 공식적으로 확정이 되었습니다. 이날 저는 신이 나서 "개마고원, 개마고원, 개마고원!"을 입에 달고 다녔습니다.

"많은 양을 바라는 것이 아닙니다. 몇 박스만 보내주면 됩니다."

북한에서 개마고원 감자를 평창 동계올림픽 행사장에 보내올 수 있는지 청와대에 알아봐달라고 했습니다. 저는 쉬울 줄 알았습니다. 감자 몇 박스 정도는 북한 선수들이 올 때 들고 올 수도 있겠다고 생각하였습니다. 며칠 후에 저는 절망하였습니다. 유엔의 대북 제재 때문에 북한과는 어떤 물자도 오갈 수 없다는 통보를 받았습니다. 파는 것도 아니고 행사 음식 재료로 쓸 것이라는 사정 같은 것은 전혀 통하지 않았습니다.

이명박 이전 남북한 사이에 물자가 오가던 때가 있었습니다. 북한산 농수산물을 시장에서 자주 볼 수가 있었습니다. 원산지 표시제를 지켜야 하므로 '북한산'이라고 적혀 있었습니다. 그때에 북한산 농수산물은 인기가 없었습니다. 못사는 나라의 음식은 맛없게 느껴지는 것이 인간의 본능인데, 우리의 뇌는 북한을 못사는 나라로 분류하고 있기 때문입니다. 그 무렵 어느 재래시장에서 목격한 일입니다. 팻말에 '북한산 고사리'라 해놓고 그 아래에다 이렇게 써놓았습니다.

"통일되면 국산."

인간이 먹는 것은 자연에서 옵니다. 자연에는 정치가 없습니다. 한반도의 것은 한반도의 것이지 거기에 남과 북의 정치로 나누어질 것은 없습니다. 맛 칼럼니스트 입장에서는 개마고원 감자이지 북한산 감자가 아닙니다. 개마고원 감자를 폭실하게 쪄서 보란 듯이 식탁에 놓는 꿈을 아직도 꾸고 있습니다.

식탁에서 철조망을 녹이다

모든 음식에 맛은 기본입니다. 그러나 행사 음식은 맛만을 즐기기 위한 음식이 아닙니다. 행사의 의미를 돋보이게 하는 그 무엇을 심어야 합니다. 특히 언론으로부터 주목을 받는 행사의 경우에는 행사의 의미 혹은 의도를 인상 깊게 전달할 수 있는 음식을 준비해야 합니다.

저는 음식을 통하여 스토리를 만드는 기획자이지 요리사는 아닙니다. 행사의 의미를 파악하고, 그 행사가 의도하는 바를 음식을 통해 얻어내는 일을 합니다. 요리사는 제 아이디어를 식탁에서 실현해주어야 합니다. 행사 때마다 요리사는 바뀝니다. 그분들에게 제가 반복해서 하는 말이 있습니다.

"행사에 오는 분들은 평소에 맛있는 거 다 드시고 사는 분들이라 굳이 이 자리에까지 와서 맛을 따져가며 먹을 생각은 없을 것입니다. 여러분도 워낙 뛰어난 요리사이니 음식 맛에 대해 제가 관여할 것이 없습니다. 제가 원하는 것은 스토리입니다. 저는 행사의 의미와 의도 그리고 참석자들의 면면을 파악하여 작은 아이디어를 낼 것이고, 여러분은 이를 식탁에서 실현하는 일을 하게 될 것입니다."

개마고원 감자를 가져오지 못하게 되면서 제가 애초에 기획했던 평창 동계올림픽 개막식 만찬은 흔들리고 있었습니다. 음식 스토리는 재료에서 가져오는 것이 가장 무난합니다. 그런 게 없을 때에는 음식의 모양으로라도 스토리를 만들어야 합니다. 다만 식탁의 모든 음식에 스토리를 붙일 필요는 없습니다. 때로는, 작지만 강렬한 것 한 방으로 충분합니다.

평창 동계올림픽에 북한이 참가하면서 남북 화해와 교류에 대한 기대가 커졌습니다. 갑작스런 일이라 여자 아이스하키 남북 단일 팀을 조직하는 과정에서 소란이 있었습니다만, '남과 북이 함께하는 올림픽'이 동계올림픽 흥행에 결정적 역할을 할 것으로 보였습니다.

평창 동계올림픽 개막식 만찬에는 국내외 귀빈들이 참석할 것이고 만찬장에서는 동계올림픽에 남북 단일 팀이 참가한다는 것이 가장 큰 관심사로 거론될 것입니다. 북한에서도 대표를 보낼 것인데, 김여정이 올 수도 있다는 소문이 돌았습니다. 눈을 감고 만찬장을 그려보았습니다. 남북 화해를 기대하고 축원하는 분위기였으면 좋겠다는 생각을 하였습니다. 그래서, 그냥 툭 던졌습니다.

"철조망을 녹입시다. 마지막에 디저트에서 철조망을 녹여서 다 같이 먹읍시다."

총괄 요리사가 숨도 쉬지 않고 대답하였습니다.

"철조망 가능합니다. 초콜릿으로 만들면 됩니다."

"녹이는 것은요."

"따뜻한 연유를 철조망 위에 부으면 됩니다."

총괄 요리사는 마치 해본 것처럼 설명하였습니다. 마지막으로, 제가 덧붙였습니다.

"철조망 아래에는 한반도기를 놓읍시다."

며칠 후 철조망 디저트를 볼 수 있었습니다. 제가 상상하던 그대로였습니다.

2018년 2월 9일 평창 동계올림픽 개회식 만찬장은 어수선했습니다. 미국 부통령 마이크 펜스와 일본 총리 아베 신조가 일부러 만찬장에 늦게 들어왔습니다. 북한의 김영남과 헤드 테이블에 함께 앉아야 하는데 그와 함께 사진 찍히는 것을 원치 않았기 때문이란 것을 나중에 알았습니다. 심지어 늦게 들어온 펜스는 5분 만에 나가버렸습니다. 문재인은 들락거리는 그들을 맞이하고 또 배웅하느라 자리에서 일어났다 앉았다 하였습니다.

즐겨야 할 자리에서 참석자들은 "저 사람들, 왜 저래?" 하며 고개를 내밀고 헤드 테이블 쪽을 보았습니다. 펜스와 아베는 행사 분위기를 망치는 외교적 결례를 범했습니다. 불편한 행사이면 아예 참석을 하지 말아야 합니다. 참석을 했으면 다른 참석자들에게 폐를 끼치는 일은 삼가야 합니다. 아무리 강대국이라 하여도 국가 간에 예의는 지켜야 합니다.

펜스와 아베 때문에 예정된 시간에 음식을 낼 수가 없게 되었습니다. 들어가보지는 않았지만 주방은 난리가 난 상태였을 것입니다. 음식은 타이밍이 제일 중요합니다. 데웠는데 미뤄지면 맛이 달아납니다. 행사장에서 눈에 보이지 않지만 가장 바쁜 사람이 요리사입니다. 그날 요리사들은 속을 많이 태웠을 것입니다.

만찬에 참석한 사람들이 철조망 디저트 사진을 찍어서 자신의 감상과 함께 SNS에 올렸습니다. 이를 언론이 받아서 보도를 하였습니다.

9일 평창 동계올림픽 개회식 식전 만찬에 디저트로 나온 '철조망'이 화제를 모으고 있다. 만찬에 참석한 정치인들은 너도 나도 소셜미디어SNS에 이 사진을 올리면서 평화 메시지를 전했다. 이 디저트는 파란색 한반도 위에 철조망 모양 초콜릿이 비스듬히 올려져 있다. 철조망 위에는 생크림을 얹어 철조망을 녹이는 듯한 느낌을 표현했다.

디저트를 접한 정치인들은 주최 측의 아이디어에 감탄하면서 나름의 평화 메시지를 전했다. 노회찬 정의당 원내대표는 SNS에 "방금 마친 평창 올림픽 개회식 식전 만찬에 디저트로 나온 한반도와 철조망. 초콜릿으로 만든 철조망을 우두둑 씹어 먹었다"고 소감을 전했다. 우원식 더불어민주당 원내대표도 "기가 막힌 디저트"라며 "먹을 생각을 못 하고 바라만 봤다"고 썼다. 박원순 서울시장은 "평창 올림픽 리셉션장 식사에서 나온 디저트. 파란색 한반도에 철조망 모양 초콜릿 철조망. 내가 싹 먹어치웠다"고 썼다. 〈국민일보〉 2018. 2. 10.

"철조망을 우두둑 씹어 먹었다"라는 표현이 등장한 것은 펜스와 아베 탓입니다. 원래는 뜨거운 연유를 부어 녹여서 먹게 해야 하는데, 이들이 고의로 지각을 하는 바람에 일부 식탁에는 식은 연유가 공급된 것으로 보입니다. 녹여 먹으나 우두둑 씹어 먹으나 남북 단일 팀이 출전하는 평창 동계올림픽이 한반도에 걸쳐진 철조망을 치우는 일을 돕고 있다는 사실에 다같이 공감을 하는 자리가 되었습니다.

앞에서도 말씀드렸듯이, 행사 음식 기획자는 공개되면 안 됩니다. 음식에 담긴 메시지가 깨지거나 약해질 수 있기 때문입니다. 그런데, 평창 동계올림픽 개막식 만찬을 제가 기획하고 있다는 사실이 행사 전 언론을 통해 공개되고 말았습니다. 〈조선일보〉가 철조망 디저트 사진을 사전에 입수하여 악의적으로 보도하였습니다. 바닥의 한반도기가 하늘색이라서 맛있게 느껴지지 않는다고 주장하였습니다.

하늘색 한반도기를 맛있는 다른 색으로 하면 그건 한반도 지도이지 한반도기가 아니게 됩니다. 하늘색 한반도기는 1989년에 제정된 통일 한국을 상징하는 깃발입니다. 남북 단일 팀이 이뤄지면 남북의 선수가 이 깃발을 들고 대회에 나갑니다. 한민족의 통일에 대한 열망이 하늘색 한반도기에 담겨 있습니다. 반통일 세력에게는 하늘색 한반도기가 거북할 것이고, 그래서 반통일 언론 〈조선일보〉가 그런 보도를 한 것이라는 해석을 여기에 남겨둡니다.

철조망 디저트는 북한이 참가하는 평창 동계올림픽의 개회식 만찬장에서 하는 이벤트에만 한정적으로 의미가 있는 것이었습니다. 비슷한 성격의 행사라고 해도 참석하는 사람 그리고 장소와 시간이 다르면 철조망 디저트는 전혀 다르게 보일 수도 있습니다. 철조망 디저트처럼 강렬한 메시지가 시각적으로 선명히 드러나는 행사 음식은 딱 한 번 쓰고 말아야 합니다.

김대중, 노무현, 정주영 그리고...

2023년 봄이었습니다. 문재인 정부에서 국정홍보비서관을 지낸 윤재관으로부터 연락이 왔습니다. 문재인 정부가 끝난 지 일 년이 되던 시점이었습니다. 윤재관은 문재인 정부에서 자신이 했던 일을 책으로 정리하는 중이라고 했습니다.

윤재관은 책 원고 중에 저와 관련된 부분을 메일로 보내왔습니다. 메일 제목은 "만찬, 김대중, 노무현, 정주영, 윤이상을 초대하다"였습니다. 그는 그때의 일을 이렇게 기억하고 있었습니다.

4월 27일 하루 동안의 식음료를 준비해야 했다. 음식 역시 메시지다. 오찬은 남과 북이 각각 따로 하기로 사전 남북 의전 실무 회담에서 결정했는데 백미는 만찬 메뉴를 어떻게 구성하느냐였다. 사실 조금 막막했다. 어떤 메뉴를 구성해야 그날의 역사적 의미를 살릴 수 있을지 고민했지만 쉽게 답을 찾지 못했다. 맛 칼럼니스트 황교익 선생님에게 도움을 요청했다. 답은 간명했다. "식재료를 가지고 스토리를 만들자, 특별한 무언가를 만들려 하지 말고 한반도 평화를 위해 기여하신 분들을 상징할 수 있는 재료들을 만찬에 올리자."

지금 생각해도 탁견이었다. 역시 프로는 다르다 감탄했다. 첫 번째 스토리는 '우리 산하의 봄을 이끈 분들과 함께하는 음식'이었다. 분단을 극복하고자 했던 우리 민족의 끊임없는 염원을 기억한다는 의미도 담았다.

"윤이상 작곡가는 음악으로 남북을 이었고, 정주영 회장은 소떼를 몰고 가서 북녘 고향 분들의 환영을 받았습니다. 김대중 대통령이 김정일 위원장과 역사적인 남북 정상회담을 열었고 노무현 대통령은 직접 군사분계선을 넘었죠. 우리 민족의 통일을 염원하고 실현하고자 하였던 분들의 뜻을 모으기 위해 그분들의 고향과 일터에서 먹을거리를 가져왔습니다."

김대중 전 대통령의 고향인 신안 가거도의 민어와 해삼, 노무현 전 대통령의 고향 김해 봉하마을에서 오리 농법 쌀, 정주영 회장을 상징하는 충남 서산 목장의 한우, 윤이상 작곡가의 고향 남해 통영 바다의 문어를 재료로 음식을 준비하기로 결정했다.

메시지는 스토리가 담긴 기호입니다. 우리가 음식을 메시지로 받아들이는 것은 음식에 스토리가 담겨 있음을 경험으로 잘 알기 때문입니다.

"당신이 무엇을 먹는지 말해달라. 그러면 당신이 어떤 사람인지 말해주겠다."

프랑스의 미식가 장 앙텔름 브리야샤바랭이 한 말입니다. 이 말이 사실인지 아닌지 따지는 사람을 저는 아직까지 본 적이 없습니다. 너무나 당연한 말이라고 여기기 때문입니다. 그 당연함이 어디에서 나오는 것인지 조금 깊이 들어가보겠습니다.

브리야샤바랭이 당신이 무엇을 먹는지 말해달라고 했으니, 제가 그에게 "저 황교익은 김치찌개를 먹습니다"라고 대답해봅니다. 그러면 그가 황교익이 어떤 사람인지 말해줄 수 있는 것은 겨우 "황교익 당신은 한국인이겠군요"밖에 더 있겠는지요.

당신도 저처럼 브리야샤바랭에게 당신이 먹는 음식을 말해보세요. 그가 당신에게 말해줄 수 있는 게 얼마 되지 않는다는 것을 금방 깨달을 것입니다. 그렇다고 그의 말이 아예 틀린 것은 아니므로 살짝 고쳐봅시다. 이 정도이면 되려나요?

"당신이 무엇을 먹는지 말해달라. 그러면 당신이 어떤 사람인지 조금은 말해주겠다."

지금부터는 제가 브리야샤바랭의 말이 진실임을 증명하기 위한 작업을 해보이겠습니다. 그러기 위해서 '당신이 먹는 무엇'에 대해 좀 더 구체적인 질문을 던질 것이니 이에 대해 충실히 답해주셔야 합니다.

"당신이 '무엇'을 내일부터 못 먹게 될 수 있다고 생각해봅시다. 어떤 음식을 먹고 싶은가요?"

그러니까, 내일 죽을 것인데 오늘 마지막으로 먹을 음식을 떠올려봅시다. 일단 김치찌개라고 하겠습니다. 그다음 저는 이런 질문을 하게 될 것입니다.

"어떤 김치찌개인지요?"

"돼지고기가 들었나요, 고등어가 들었나요, 아니면 꽁치 통조림이 들었나요?"

"그 김치찌개는 처음 먹은 것이 언제인지요?"

"그때 그 김치찌개를 누구랑 같이 먹었는지요?"

"누가 해주었던 김치찌개인지요?"

"그 김치찌개를 왜 죽기 전에 먹고 싶다고 생각하게 된 것일까요?"

이런 식으로 꼬리에 꼬리를 물고 질문을 하게 되면 '김치찌개를 먹는 어떤 이'의 삶이 구체적으로 드러나게 됩니다. 고향이 어디며, 어떤 가정환경에서 자랐는지 알 수 있습니다. 그 구체적인 삶이 바로 스토리입니다. 어떤 이가 좋아하는 김치찌개에는 어떤 이만의 스토리가 담겨 있으며, 어떤 이가 먹는 김치찌개는 다른 이에게는 메시지가 됩니다.

브리야샤바랭의 말 중 '당신'을 다른 말로 바꾸어 넣으면 어떨까요.

"당신의 가족이 무엇을 먹는지 말해달라. 그러면 당신의 가족이 어떤 사람들인지 말해주겠다."

"당신 나라의 국민이 무엇을 먹는지 말해달라. 그러면 당신 나라의 국민이 어떤 사람들인지 말해주겠다."

당신의 가족이 무엇을 먹는지 말하려면 당신의 가족사를 말하지 않을 수 없을 것이며, 당신 나라의 국민이 무엇을 먹는지 말하려면 당신 나라의 역사를 말하지 않을 수 없을 것입니다. 그 당신의 가족사와 당신 나라의 역사도 스토리입니다. 이렇게 당신이 먹는 음식에는 당신의 스토리가 담겨 있습니다. 당신의 스토리가 담겨 있는 음식은 그 자체로 메시지입니다.

"한반도의 평화와 통일을 위해 애쓰셨던 분들과 관련한 음식을 내면 좋겠네요."

청와대 연풍문에서 있었던 일로 기억하고 있습니다. 윤재관이 있었고, 만찬을 맡아서 진행할 요리사가 있었습니다. 윤재관은 앞의 말만으로는 잘 모르겠다는 표정을 보였습니다.

"남북 간에 교류를 하면서 일어난 여러 일을 더듬어봅시다. 국민의 머릿속에 가장 강력하게 기억되어 있는 장면은 아마 현대 정주영 회장의 소 떼일 것입니다. 정주영 회장이 소 떼를 몰고 분사분계선을 넘어가는 장면은 정말 장관이었지요."

정주영은 강원도 통천군 답전면 아산리 출신입니다. 그는 통일되면 고향으로 돌아가서 남은 삶을 보낼 것이라고 늘 말했습니다. 그에게 북한은 그냥 고향 땅이었습니다. 남한에서 크게 성공을 했으니 고향에 뭔가를 해야 한다고 생각했습니다.

1998년이었습니다. 정주영은 6월 16일과 10월 27일 두 차례에 걸쳐 1,001마리의 소를 몰고 군사분계선을 넘었습니다. 그는 아버지의 소를 판 돈 70원을 훔쳐 사업을 시작했다고 합니다. 6월 방북 때 정주영은 이렇게 말했습니다.

"이제 그때 그 소 한 마리가 오백 마리의 소가 되어 지난 빚을 갚으러 꿈에도 그리던 산천을 찾아갑니다. 이번 방북이 단지 한 개인의 고향 방문을 넘어 남북이 같이 화해와 평화를 이루는 초석이 되기를 진심으로 기원합니다."

북한은 정주영에 대해 좋은 이미지를 가지고 있습니다. 평양에는 그의 이름을 붙인 류경정주영체육관이 있을 정도입니다. 북한 주민은 그를 '남조선에서 크게 성공한 고향 사람'으로 여긴다는 말을 들은 적이 있습니다.

"정주영 회장이 북한에 몰고 갔던 그 소가 현대 서산 농장에서 키우던 소입니다. 현대가 서산 간척지 사업을 크게 했잖아요. 그 간척지에 있는 농장인데, 그 농장에서 여전히 소를 키우고 있습니다. 거기서 쇠고기를 가져옵시다."

윤재관은 감을 잡았다는 표정을 지었습니다. 남한의 문재인과 북한의 김정은이 현대 서산 농장의 쇠고기를 입에 넣으며 자연스럽게 정주영에 대해 말을 하게 될 것이고, 그러면 자연스럽게 정주영이 꾸었던 통일의 꿈도 함께 이야기하게 될 것이라는 감을 잡았을 것입니다.

"남북 정상회담을 처음 성사시킨 분은 김대중 선생님이시니까 김대중 선생님의 고향인 전남 신안에서 나는 해산물을 가지고 오는 게 좋겠습니다."

2000년 6월 평양에서 남한의 김대중과 북한의 김정일이 만났습니다. 한반도가 분단된 이후 처음 있었던 남북 정상회담이었습니다. 2007년에는 평양에서 또 한 차례 남북 정상회담이 있었습니다. 남한의 노무현과 북한의 김정일이 만났습니다. 10월 4일에 남북 공동 선언문을 발표하여 10·4 남북 정상회담이라고 불리기도 합니다.

"김대중 선생님은 평양에 비행기로 갔는데, 노무현 대통령은 판문점 군사분계선을 발로 직접 넘어서 갔었지요. 노무현 대통령은 퇴임 이후 경남 김해 봉하마을에서 농사를 지으셨습니다. 봉하마을의 쌀을 가져와 밥을 지읍시다."

문재인이 만찬 자리에서 김정은에게 해산물을 가리키며 "저건 전남 신안에서 가져온 것입니다. 김대중 선생의 고향이 신안입니다. 김대중 선생은 2000년에 평양에서 위원장님의 선친인 김정일 위원장님과 회담을 하셨었지요"라 말하고, 숟가락으로 밥을 뜨면서 "이 밥은 봉하마을 쌀로 지은 것입니다. 노무현 대통령 고향이 경남 김해 봉하마을입니다. 노무현 대통령은 2007년 김정일 위원장과 회담을 하셨지요. 퇴임 이후에는 고향에서 농사를 지으셨는데, 그 논의 쌀입니다" 하고 말하는 장면을 윤재관이 그리고 있음이 분명해 보였습니다.

판문점 남북 정상회담 만찬에 윤이상도 모셔오자고 제안을 했습니다. 음악가 윤이상에게는 남북한이 똑같은 조국이었습니다. 독일에서 살면서 남북한을 오가며 음악 활동을 하신 분입니다. 남한에서는 종북이라는 딱지를 붙여서 그의 예술 세계를 인정하지 않으려는 사람들도 있습니다. 충분히 이해할 수 있는 일입니다.

남북한은 현실적으로 적국이기 때문입니다. 하지만 예술가의 세계에서는 남북한이 하나일 수도 있는 것입니다.

윤이상은 1995년에 독일에서 타계했지만 2018년 3월에야 고향인 경남 통영으로 돌아올 수 있었습니다. 남북 분단으로 상처를 입은 한 예술가의 영혼을 만찬의 자리에 올려서, 그렇게라도 해서, 위로하고 싶었습니다.

"윤이상 선생님이 고향 통영에 오셨어요. 판문점 만찬에 통영 음식도 하나 올립시다."

냉면을 대접받지 못한 김구

한반도의 평화와 통일을 위해 애를 쓰셨던 분은 많습니다만 정주영, 김대중, 노무현, 윤이상 정도면 되겠다 싶었습니다. 한 분을 더 모시고 싶다는 생각이 간절하기는 했습니다만 여러 복잡한 문제가 발생할 수 있을 것이라 판단을 하고 제가 아예 말을 꺼내지 않은 분이 계십니다. 백범 김구입니다.

김구는 한반도 통일 운동사에서 가장 앞에 놓일 분입니다. 분단이 굳어지고 있던 1948년에 그는 목숨을 걸고 삼팔선을 넘어가 평양에서 김일성과 회담을 합니다. 당시 남북의 주요 정치 세력은 각각 단독정부를 수립하려고 했고, 김구는 '통일 독립'을 주장하고 있었습니다. 김구와 김일성의 회담은 성과를 내지는 못했습니다만, 김구는 통일의 노력을 멈추지 말아야 한다는 강고한 민족적 의지를 후대에 길이 남겼습니다.

김구의 비서였던 선우진이 쓴 《백범 선생과 함께한 나날들》이라는 책이 있습니다. 이 책에는 김구가 평양 숙소에서 몰래 빠져나와 냉면을 먹은 일을 자세히 적어두고 있습니다.

어느 날인지 정확하게 기억이 나지 않지만, 백범 선생은 평양냉면집을 찾기도 했다. 호텔 측에서 신변 보호 운운하며 나들이를 못 하게 했기 때문에 냉면 맛을 보기 위해 약간의 작전을 짜야 했다. 백범 선생은 이날 조반 때 예의 점심 주문을 요구받았지만, "아무거나 먹지." 하고 적당히 얼버무렸다가 점심때가 다 되어, "오늘은 나가 평양냉면이나 먹겠다"며 의관을 챙겼다. 당황한 지배인은 "여기서도 얼마든지 평양냉면을 갖다 드릴 수 있습니다." 하며 한사코 말렸다. 그러나 선생이 "이 사람아, 냉면은 뜨끈한 삿자리에 앉아 먹어야 맛이 나지." 하고 짐짓 나무라자 더 이상 잡지 못했다. 백범 선생과 김신 씨, 김우전 동지와 나는 세단 차를, 안내원은 덮개를 씌운 소련제 지프차를 타고 뒤따라오는 경비원들의 호위를 받으며 냉면집을 찾았다. 김우전 동지가 옛 화신백화점에서 서문통으로 얼마 안 가 오른편 골목 안에 있는 기성면옥이라는 냉면집에 안내하여 들어갔다. 그 집은 서울의 뒷골목 선술집처럼 90도로 다락방에 올라가는 사다리가 걸쳐진 자그마한 한옥으로, 마루방에 손님이 한 무리가 있었을 뿐 한적했다. 흙 온돌 위에 갈대를 쪼개 열십자로 크게 짠 뜨끈뜨끈한 삿자리 방을 차지한 우리는 쟁반 두 상을 시켰다. (…) 식성이 좋은 백범 선생은 "50년 만에 평양냉면을 먹어보니 예전 맛이 다시 난다"며 쟁반 한 그릇을 뚝딱 드시고 한 그릇을 또 시키셨다. 평소 입에 대지 않던 소주까지 곁들이셨다. 내내 경계심을 늦추지 않았던 선생도 평양냉면 앞에서는 마음이 절로 풀어지는 듯했다.

2018년 판문점 남북 정상회담 만찬에 '김구의 냉면'이 올려지는 장면이 제 머릿속에서 끊임없이 반복되었습니다. 김구에 대한 북한의 평가는 남한과 크게 다릅니다. 북한은 그가 김일성을 찬양하고 김일성의 뜻을 따랐던 사람으로 교육합니다. 만찬에 '김구의 냉면'을 올리면 여러 오해를 불러올 것이 분명하였습니다.

마찬가지로 연풍문이었습니다. 자리에 앉자마자 윤재관은 활짝 웃는 얼굴로 저에게 이렇게 말했습니다. 청와대에서의 두 번째 회의였을 것입니다.
"대통령님이 북측에서 만찬에 평양 옥류관 냉면을 가지고 오면 어떻겠냐고 하셨고, 북한에 연락을 했더니 좋다고 했습니다. 판문점 만찬에 평양 옥류관 냉면이 옵니다."
저는 "아!" 하는 감탄사와 함께 잠시 아무 말을 못 하였습니다.

그러곤 이 말이 튀어나왔습니다.

"좋습니다. 좋습니다. 너무 좋습니다."

문재인은 큰 그림을 그릴 줄 아는 분입니다.

판문점 남북 정상회담 만찬 스토리를 정리해서 윤재관에게 줄 때 저는 김구를 언급하지 않았습니다. 그럼에도 만찬의 평양냉면에서 김구를 떠올릴 사람이 분명히 있을 것이라고 짐작을 하였습니다. 4월 24일 남북 정상회담 만찬 보도자료가 뿌려지자 언론은 옥류관 평양냉면 기사로 도배를 했습니다. 그중에 손석희 앵커만이 김구를 언급하였습니다.

북녘의 국수, 즉 냉면은 일제 강점기를 거치면서 대중화되었고 전쟁 이후에는 북에서 남으로 이동하여 팔도의 산맥을 뛰어넘는 음식으로 널리 퍼졌던 것입니다. 같은 말과 같은 식성을 지니고 있다는 사실은 퍼렇게 날이 선 마음을 누그러뜨리기도 했습니다. 1948년 4월에 어떻게든 분단을 막아보고자 삼팔선 넘어 김일성을 만났던 김구 선생 역시 냉면 앞에서는 풀어지는 마음을 어찌할 수 없었습니다. "선생은 (…) 평소 입에 대지 않던 소주까지 곁들이셨다. 내내 경계심을 늦추지 않았던 선생도 평양냉면 앞에서는 마음이 절로 풀어지는 듯했다."

그렇습니다. 선생은 황해도 해주 출신이었습니다. 이틀 뒤, 정상회담 만찬상에 냉면이 오른다고 하지요. 냉면은 분명 차가운 음식이지만 알고 보면 뜨겁습니다. 척박한 땅에서도 잘 자라는 메밀은 가난한 시절, 좋은 식재료였고 추운 겨울 밤 배고픈 이들의 속을 든든히 채워주는 따뜻함이 있었습니다._(JTBC 뉴스룸)
"손석희의 앵커 브리핑" 중에서

저는 "말하지 않아도 마음을 다하면 통한다"는 옛말을 떠올렸습니다. 공식적으로 언급을 하지는 않았지만 판문점 남북 정상회담 만찬장에 정주영, 김대중, 노무현, 윤이상과 함께 김구도 있었습니다.

한민족은 '냉면을 먹는 사람들'

서울에서 판문점으로 가는 길에 있는 킨텍스에 판문점 남북 정상회담 취재기자들을 위한 프레스센터가 마련되었습니다. 프레스센터에 등록을 한 기자는 내신 176개사 2,127명, 외신 196개사 924명으로 모두 3,051명이었습니다.

국내외 언론은 판문점 남북 정상회담에서 다루어질 의제와 함께 만찬에 올려질 음식에 대해 큰 관심을 보였습니다. 만찬 음식에 정치적 의미를 부여하는 일은 언론의 오랜 관습입니다. 정상회담 만찬 음식에 대한 언론의 관심은 특히 높았습니다. 정상회담 모두 발언에서 김정은은 당시 언론의 음식 보도를 의식하며 이렇게 말했습니다.

"오기 전에 보니까 오늘 저녁에 만찬 음식 가지고 많이 얘기하는데, 어렵사리 평양에서부터 평양랭면을 가지고 왔습니다. 가지고 왔는데 대통령께서 편한 마음으로 평양랭면, 이게 멀리서 온…. 멀다고 말하면 안 되겠구나. 좀 맛있게 드셨으면 좋겠습니다."

판문점 남북 정상회담 당일, 점심에 냉면집이 북새통을 이루었습니다. 기자들도 덩달아 냉면집으로 가서 냉면 먹는 사람들을 취재했습니다. 사람들은 냉면을 먹으며 다들 평양과 평화, 통일에 대해 말을 했습니다. 지금은 옥류관 냉면을 못 먹어도 언젠가는 평양에 가서 옥류관 냉면을 먹게 될 것이라는 희망을 말하였습니다.

냉면이 남북한을 이어주는 한민족의 음식이라는 사실은 외신을 통해 전 세계에 전파되었습니다. 미국 CNN의 냉면 보도는 국내에서도 큰 관심을 얻었습니다. 미국에 이민을 가서 식당을 경영하는 가수 이지연 씨가 등장하였습니다. 이지연 씨는 CNN 스튜디오에서 냉면을 조리하고 진행자들은 그 냉면을 먹었습니다. 뉴스 진행자는 '국수 외교'라는 말을 썼습니다. 영국 〈가디언〉은 냉면을 '평화의 상징'이라고 표현했습니다.

이탈리아는 서로마제국 멸망 이후 천 년이 넘게 작은 국가들로 분열되어 있었습니다. 1870년에 이르러서야 통일국가를 이룹니다. 이탈리아라는 깃발 아래에 뭉치기는 했는데 말과 풍습은 지역에 따라 크게 달랐습니다. 국민에게 공동체 정서를 심어주는 것이 국가적 과제로 등장하게 됩니다.

1891년, 펠레그리노 아르투시라는 작가가 《요리의 과학과 맛있게 먹는 방법La scienza in cucina e l'arte di mangiar bene》이라는 책을 냅니다. 이탈리아 각 지역의 음식을 취재하여 엮은 책입니다. 그 당시에 20만 부나 팔릴 정도로 큰 인기를 끕니다. 이 책에 실린 이탈리아 전역의 다양한 파스타 조리법을 따라 하게 된 이탈리아 국민은 "이탈리아 사람들은 파스타를 먹는 사람들"이라는 정체성을 공유하게 됩니다. 이탈리아의 통일을 완성한 것은 파스타라는 말이 존재하는 이유입니다.

독일은 1945년 2차세계대전이 끝나고 연합국의 통치를 받다가 1949년에 동서로 분단이 됩니다. 1989년 베를린장벽이 무너지고 1990년에 통일이 되었습니다. 독일 국민의 통일 만족도 조사를 보면 매우 긍정적입니다. 그럼에도 출신 지역에 대한 편견 같은 것이 아직까지도 존재한다고 합니다.

한반도의 분단은 독일의 분단보다 그 시간이 훨씬 깁니다. 그리고 독일과는 달리 한반도는 전쟁을 했습니다. 형제이면서 원수입니다. 경제 수준이 극단적으로 차이가 납니다. 남북한이 당장에 통일을 하면 대혼란에 빠질 것입니다. 정치와 경제, 군사 등의 문제보다는 감정적 문제가 더 심각할 것입니다.

중국과 중앙아시아에 한민족이 삽니다. 구한말과 일제 강점기에 한반도에서 이주를 한 우리 핏줄입니다. 사회주의 체제가 붕괴되기 이전까지 이들과 남한의 동포는 분단이 되어 있었다고 표현할 수 있습니다. 남한이 중국, 러시아, 그리고 중앙아시아의 여러 국가와 수교를 한 시기가 사회주의 체제가 무너진 직후인 1990년대 초입니다. 이들 국가의 동포가 이젠 남한에 많이 삽니다. 그런데 우리는 이들과 공동체 정서를 충분히 공유하고 있다고 자신 있게 말을 할 수 있을까요.

냉면이 단지 판문점 남북 정상회담 만찬에 올랐다고 하여 화제가 된 것은 아닙니다. 냉면에는 한민족이 몸소 겪었던 스토리가 담겨 있습니다. 냉면이 한반도에만 있는 것이 아닙니다. 중국, 미국, 일본, 카자흐스탄, 우즈베키스탄 등등 어느 국가에서든 한민족이 있으면 냉면이 있습니다. 냉면은 그 자체가 "우리는 한민족"이라는 메시지입니다. 남북 정상회담을 하던 그날에 냉면이 그렇게 끌렸던 것은 "한민족은 냉면을 먹는 사람들"이라는 사실을 우리 스스로 확인하고 싶었기 때문입니다.

판문점 남북 정상회담 만찬 자리에 저는 가지 못했습니다. 저는 음식에 스토리를 입히는 기획자이지 요리사가 아니기 때문입니다. 남북 정상회담 만찬 자리에 있었던 분들에게 음식 맛이 어떠하였는지 물어보지도 않았습니다. 그 음식들은 맛으로 먹는 것이 아니기 때문입니다. 그때 한반도를 비롯해 세계 각지에 사는 한민족은 단군 이래 한 핏줄로 살았던 우리의 삶을 먹었습니다.

문재인의 혼밥 논란

앞의 이명박 편 "오바마의 불고기 그리고 분짜"를 마무리하며 제가 이렇게 말했습니다.

"외교는 상대 국가의 국민 마음을 얻는 일입니다. 외교 행위는 상대 국가의 입장에서 이해하려고 노력해야 합니다. 한국 언론은 이게 잘 안 됩니다. 국가 정상의 외교 행위를 국내 정치 논리로 해석을 하여 공격합니다. 이에 대한 문제는 문재인 편에서 자세히 다루겠습니다."

문재인은 엉뚱하게 혼밥 논쟁에 휘말립니다. 박근혜처럼 대통령 관저에서 혼자 밥을 먹은 것도 아닌데 문재인이 혼밥을 했다고 언론들이 비난하였습니다. '비판'이라고 하지 않고 '비난'이라고 한 것은 "문재인이 혼밥을 했다"는 언론들의 주장이 전혀 논리적이지 않기 때문입니다. 그냥 문재인이 싫어서 문재인을 욕하는 것이라 할 수 있습니다. 개인끼리도 감히 할 수 없는 일을 한국 언론들은 합니다. 한국 언론들이 얼마나 천박한 수준에 있는지 보여준 사건이었습니다.

2017년 12월 13일 문재인은 중국을 방문하였습니다. 14일 아침 문재인은 숙소인 베이징 댜오위타이 인근의 서민 식당인 '용허 셴장'을 찾아서 아침을 먹었습니다. 한국 언론은 즉각 이를 보도하였습니다. 한국 대통령이 중국 국민의 마음을 사로잡았다는 내용의 기사들이 이어졌습니다.

> 文대통령 中 아침식사는 두유에 튀김빵 '찍먹' 서민음식_(머니투데이)
> '소프트 외교' 나선 문 대통령, 중국 전통 메뉴로 베이징 시민들과 아침 식사_(아시아경제)
> 문재인 방중 이틀째 아침식사는 1000원?_(MBN)
> 文대통령, 서민 식당서 아침 식사… 탈권위적인 모습에 中국민 반한 감정 씻기 위한 노력_(브릿지경제)

당시 바른정당 소속이었던 이준석이 자신의 페이스북에 참으로 엉뚱한 소리를 합니다.

> 대통령께서 국내에서 서민 체험 행보를 하시는 것은 정치의 일환이라고 보고 평가할 수 있지만, 압축된 일정으로 진행되는 해외 방문 중에 조식 일정을 저렇게 구성한 사람들은 책임을 져야 한다. 이게 기자가 지금 차마 쓸 수 없어서 서민 체험이라고 쓴 거지 조찬 모임이 안 잡혔다는 거다. 중국 측에서 주요 인사들

과의 아침 일정에 비협조적으로 나와서 저렇게 하시는 거라면 당연히 중국은 상대국 원수에 대한 결례로 비판받아야 된다.

이준석은 유명하기만 하지 외교에 대해서는 'ㅇ'도 모르는 사람입니다. 그 당시에 이준석은 그런 일을 할 만한 위치에 있어본 적이 없습니다. 그렇다고 이준석이 외교에 대해 그 어떤 글도 쓸 수 있는 자격이 없다고 할 수는 없습니다. 누구에게든 표현의 자유는 있습니다. 그러나 적어도 이런 글을 쓸 때에는 외교적 관습이 어떠한지 알아는 보고 써야 합니다. 그런데 이준석은 그런 거 따지면서 일을 하는 사람이 아닙니다. 아무 말이나 뱉는 사람입니다. 스스로 밝혔듯이, 개고기를 양고기라고 속이는 사람입니다.

이준석은 원래 그렇다 치고, 기자가 이준석이 페이스북에 저렇게 썼다고 기사를 쓰려면 일단은 외국에 순방을 나간 국가 정상이 그 나라의 정치인과 아침을 먹는지부터 알아보아야 합니다. 적어도 문재인 이전 대한민국 대통령직에 있었던 박근혜, 이명박, 노무현, 김대중, 김영삼, 노태우, 전두환, 박정희, 이승만 등이 외국 순방을 나가 외국 정치인과 아침을 먹으며 회의나 환담을 한 적이 있는지 알아보아야 합니다. 그러나 언론은 그럴 생각이 전혀 없었습니다. 15일부터 거의 모든 언론이 이준석의 말을 부풀려서 보도합니다.

세 끼 연속 따로 밥 먹은 '국빈'… 文 대통령, 서민식당서 아침식사_〈동아일보〉

김성태 "文, 中에서 두 끼 연속 혼밥… 역대급 굴욕"_〈아주경제〉

'문재인 혼밥' 둘러싼 정치권 진실공방… 내막은?_〈헤럴드경제〉

방중 문재인 혼밥 논란… 중국 측 문 대통령 홀대론 실화냐?_〈국제신문〉

보통의 경우에는 외국을 방문한 국가 정상은 아침부터 그 나라의 정치인을 만나 밥을 먹지 않습니다. 점심이나 저녁을 먹습니다. 이준석이 말하는 '조찬 모임'은 한국의 기독교계나 경제계에서나 흔한 것이지 외교 무대에서는 좀처럼 찾아볼 수 없는 일입니다.

우리나라 역대 대통령도 외국 나가서 그 나라 정치인과 아침을 함께 먹는 '조찬 모임'을 가진 일이 없으며 우리나라에 방문했던 외국 정상도 그런 일이 없습니다. 세계에 나라가 하도 많으니 물론 어쩌다가 '조찬 모임'을 한 정상들이 있을 것이나 그건 예외적인 사건으로 보아야 하는 것이 정상입니다. 국가 정상들이 한자리에서 밥을 먹는 것은 매우 중요한 외교적 의전에 듭니다. 2박 3일 정도의 방문이면 오찬 한 번에 만찬 한 번이 거의 공식입니다.

문재인은 중국 방문 중에 주석 시진핑과 만찬 한 번, 총리 리커창과 오찬 한 번을 하였습니다. 미국과 친하다고 자랑하였던 윤석열이 2023년 4월 미국을 방문했을 때에, 윤석열은 그 어느 미국 정치인과도 '조찬 모임'을 가진 적이 없으며 대통령 조 바이든과 만찬 한 번, 부통령 카멀라 해리스와 오찬 한 번을 해서 두 번의 공식적인 식사 자리가 있었습니다.

문재인은 베이징의 서민 식당에 혼자서 밥을 먹은 것이 아닙니다. 옆에는 김정숙 여사와 노영민 비서실장이 앉았습니다. 그 옆 식탁에서는 참모들이 밥을 먹었습니다. 중국에 단체로 여행을 와 아침을 먹는 한국인 관광객처럼 보였습니다. 문재인이 중국을 방문하여 서민 식당에서 아침을 먹는 것이 배알이 꼴리고 눈꼴이 시린 일이라 하여도 전혀 혼밥이지 않은 그 아침 자리를 혼밥이라는 말로 비난하는 것은, 사건과 현상에 대해 적합한 말을 찾아서 표현해야 할 의무가 있는 언론인의 바른 자세라고 볼 수가 없습니다.

혼밥이라는 말은 그때까지만 해도 오직 박근혜의 것이었습니다. 박근혜는 세월호 침몰로 아이들이 죽어가고 있는 그 상황에서도 청와대 관저에서 혼밥을 하였습니다. 박근혜 외에 그 어느 누구도 '혼밥을 하는 정치인'으로 손가락질을 받은 적이 없었습니다. 박근혜는 탄핵당하였지만 박근혜와 함께 정치를 하였던 왕당파 사람들은 자신들도 박근혜처럼 혼밥이나 하는 사람들로 보일 수 있다는 자격지심을 가지고 살 수밖에 없습니다.

나쁜 인간은 타인도 자신처럼 나빠야 한다고 생각합니다. "너희들도 혼밥 하잖아"라고 억지를 부리고 싶은 마음은 그들에게는 지극히 정상적인 심리 활동입니다.

문제는 그러고 난 다음의 일입니다. 대한민국 대통령이 외국에 나가 서민 식당에서 밥을 먹는 이벤트는 하기가 힘들어졌습니다. 외국에서 혼밥을 한다는 말을 들을 수 있는 위험까지 감수하면서까지 그 같은 이벤트를 제안할 수 있는 참모는 없을 것입니다.

외교는 궁극적으로 외국인의 마음을 사는 것인데, 왕당파에 의해 민주공화국 대통령이 할 수 있는 일 중에 하나가 사라진 것입니다.

김치찌개 끓이는
짜장, 윤석열

윤짜장의 등장

윤석열은 별명이 많습니다. 대부분 신체적 특징이나 버릇 등에서 비롯한 멸칭이어서 여러분의 품위를 지켜드리기 위해 이 책에 적지는 않겠습니다. 윤석열 별명 중에 '윤짜장'이 널리 쓰입니다. 변형태로는 윤춘장, 유니짜장, 윤짜왕 등이 있습니다. 이 정도의 별명은 멸칭이라고 분류하기가 애매합니다. 대중은 유명인에게 별명을 붙이려고 하는 습성을 가지고 있습니다. 심각하게 인격적으로 모독하는 것이 아니면 유명인에 대한 대중의 별명 붙이기 놀이는 사회적 유희로 받아들여야 합니다.

윤석열은 9수를 하고 사법시험에 합격합니다. 검사로서 부침이 있었지만 여느 검사와 비교했을 때에 남다르게 부침이 심했던 것은 아닙니다. 윤석열은 이명박·박근혜 정부의 적폐 세력을 청산하는 과정에서 두각을 나타내어 문재인의 신임을 얻습니다. 문재인 정부의 가장 중요한 과제가 검찰 개혁이었습니다. 윤석열은 검찰총장으로 거론될 때에 검찰 개혁에 대해 찬성 의견을 내었습니다. 2019년 7월 25일 문재인은 윤석열을 검찰총장에 임명합니다. 문재인은 이때의 일을 두고두고 후회한다고 언론에서 밝힌 적이 있습니다. 문재인은 윤석열한테 속은 겁니다.

윤석열이 검찰 개혁을 방해할 인물이라는 것은 금방 드러났습니다. 8월 9일 민정수석 조국이 법무부 장관에 지명되자 검찰이 바로 그에게 칼을 들이밀었습니다. 조국과 그의 가족에 대한 전방위적인 압수 수색이 진행되었습니다. 윤석열이 검찰 개혁을 방해하려는 것이 분명해 보임에도 문재인은 윤석열에게 미련을 두었습니다. 윤석열은 검찰과 언론, 그리고 문재인 정부를 구성하고 있는 일부 세력의 지원을 받으며 자신의 정치적 영향력을 키워나갔습니다.

9월 23일 윤석열의 검찰은 조국 자택에 대한 압수 수색을 감행합니다. 오전 9시 검사들은 조국 자택에 들어가 아홉 시간 동안 압수 수색을 벌입니다. 기자들이 조국 자택 앞에서 진을 치고 마치 범죄자 체포 현장을 보도하는 것처럼 호들갑을 떨었습니다. 오후 2시 30분 즈음 조국 자택으로 음식이 배달되었습니다. 기자들이 배달 기사에게 달려들어서 무엇인가를 물었습니다. 여러 언론사가 짜장면 등 9인분의 음식이 배달되었다고 보도하였습니다. 조국 자택에는 조국의 아내인 정경심 교수와 딸 조민 씨가 있었다고 전하였습니다.

박근혜를 탄핵하고 문재인 정부를 세운 공화파 시민은 검찰의 무지막지한 행태에 모골이 송연해졌습니다. 조국의 범죄 혐의가 검찰에 의해 70여 차례나 압수 수색을 당할 정도로 중대하다고 볼 수가 없었기 때문입니다. 서울대 법대 교수 출신 법무부 장관이 검찰에 저렇게 탈탈 털리는데 보통 시민은 작은 범죄 혐의에도 검찰 앞에서 뼈도 추리지 못할 것이라는 위협을 느꼈습니다. 문재인의 검찰이 이명박과 박근혜, 아니 박정희와 전두환의 검찰과 다를 바가 없다는 것이 가장 큰 충격이었습니다.

윤석열 검찰의 난동에 격분한 공화파 시민들이 매주 토요일 서초동 대검찰청 앞에서 '사법 적폐 청산을 위한 검찰 개혁 촛불 문화제'라는 이름으로 집회를 벌였습니다. 9월 28일 집회는 분위기가 사뭇 달랐습니다. 조국 자택을 아홉 시간 동안 압수 수색한 검찰에 크게 화가 난 시민들이 모여들었습니다. 박근혜 탄핵을 위한 광화문 집회 이래 최대 인원의 시민이 모였습니다. 주최 측은

200만 명을 넘겼다고 주장하였습니다.

이날 집회에서 윤짜장이라는 윤석열의 별명이 등장하였습니다. 조국 자택을 압수 수색하면서 짜장면을 시켜 먹은 검사들을 비꼬기 위한 것이라고 해석할 수 있습니다. 검찰은 나중에 조국 가족이 먼저 자신들에게 식사를 권유했고 짜장면이 아니라 한식을 시켜 먹었다고 하였지만, 이런 일은 한번 굳어지면 쉬 바뀌지 않습니다. 윤짜장은 윤석열이 헌법재판소의 탄핵 심판에 의해 대통령에서 파면되고 난 이후에도 대중이 꾸준히 쓰고 있는 별명입니다.

검사들이 조국 자택에서 압수 수색을 하다가 짜장면을 시켜 먹었다는 뉴스만으로 윤석열에게 짜장면이 튀어서 윤짜장이라는 별명이 붙었다고 말하는 것은 비약이 심해 보입니다. 윤석열에게 짜장면과 관련한 무엇이 이미 있어서 검사들의 짜장면이 윤석열에게 튀어서 붙었을 것이라고 추측하는 것이 적절합니다.

9수를 한 윤석열은 1994년 대구지검에서 검사 생활을 시작합니다. 2002년 검사를 그만두고 법무법인 태평양에서 오 년간 변호사로 일을 합니다. 그런 그가, 다시 검사를 하겠다고 결심한 것이 서울중앙지검에 갔다가 복도에서 맡은 짜장면 냄새 때문이라고 말한 적이 있다는 보도가 윤석열 검찰총장 임명을 전후하여 있었습니다. 윤석열은 이렇게 말했다고 합니다.

"그 순간 '아, 내가 있어야 할 곳은 여기'라는 생각이 들었다."

윤석열은 서사의 힘을 잘 알고 있습니다. "다시 생각을 해보니까 나는 검찰 체질이더라"라고 하지 않고 "검찰청사 복도에서 나는 짜장면 냄새를 맡고 다시 검사를 하기로 했다"는 말로 자신을 대중에게 감정적으로 소통해야 하는 대상으로 열어놓습니다. 이후에 윤석열은 "저는 사람에겐 충성하지 않습니다"라는 말로 '검사 체질 윤석열'을 완성시킵니다.

'검사 체질 윤석열'이니까 조국과 그의 가족을 70여 차례 압수 수색을 하여도 돈이나 자리를 위해 그러는 것이 아닐 것이라고 생각하는 국민이 다수를 차지하게 되었습니다. 공화파 시민들조차 조국에게 문제가 있어서 윤석열이 그러는 것이라고 말하는 사람들이 생겼습니다.

서초동 집회에 나온 공화파 시민은 윤석열의 실체를 잘 알고 있었을 것이라고 저는 판단합니다. 대통령에게 거짓말을 해서라도 검찰총장 자리를 차지하는 인간이라는 것을 간파하였을 것입니다. 그들에게 '검사 체질 윤석열'이라는 포장은 역겨웠을 것이고, 그 역겨움에서 벗어나기 위해 윤석열의 '짜장면 서사'를 깨뜨려야 했을 것입니다. 때마침 조국 자택에서 압수 수색을 하던 검사들이 짜장면을 먹었다고 하니까 윤석열에게 윤짜장이라는 별명을 붙이자는 생각이 그때 저절로 생겼을 것이라고 저는 추측합니다.

윤석열은 윤짜장이라고 불리고 있음을 눈치채지 못하였는지 대권 주자로 떠오르고 난 다음에도 '짜장면 서사'를 언론 인터뷰에서 자세하게 반복합니다.

- 그런데 왜 1년 만에 검찰에 복귀했습니까.

▲이명재 선배가 제가 옮겨간 지 얼마 안 돼 검찰총장으로 가셨어요. 그런 어느 날 제가 대검 중수부 산하 공적자금비리합동단속반에 저녁 시간에 들어갈 일이 있었어요. 순간 엘레베이터를 타고 오르는 중국집 '철가방'의 짜장면 냄새가 코끝을 확 자극하면서 눈물이 핑 돌더라고요."

- 왜요.

▲나중에 철야 수사라는 게 없어졌지만 제가 서울지검 검사로 일할 때는 밤샘 수사가 기본이었어요. 조사하는 사람도 월요일 새벽에 나와서 금요일 밤에 귀가하는 식이니 죽을 맛이었죠. 잠을 쫓으려고 담배도 많이 피우고, 커피도 많이 마셨어요. 미역국이나 북어국은 속이 미슥거려서 못 먹었겠어서 당시 서울지검 앞에 '취성루'라는 중국집에서 아점으로 짜장면을 시켜 먹었어요. 그런데 막 비벼서 먹으려고 하면 부장이나 3차장이 찾아요. 보고하고 돌아오면 짜장면이 불어 있죠. 커피 포트에서 끓인 물을 부으면 곱배기가 되는데, 밤새 못 먹었으니 얼마나 맛있겠어요. 검찰이 그리웠던 거예요. _〈경향신문〉 2021. 7. 9.

이 기사에는 밤새 피의자를 조사하느라 고생하고 짜장면을 맛있게 먹는 검사 윤석열만 있지 밤새 잠을 못 자고 검사의 협박과 조롱과 회유에 시달렸을 피의자는 없습니다. 피의자일 뿐인 국민을 범죄자 취급하는 임명직 국가공무원의 부적절한 태도 같은 것은 지적하지 않는, 강자의 편에서만 세상을 보고 그 강자를 응원하는 사람들을 저는 왕당파라고 부릅니다.

정치적 혼밥

2021년 9월 19일 국민의힘 대권 주자 윤석열은 SBS 〈집사부일체〉에 출연합니다. 이 자리에서 윤석열은 "대통령이 되면 절대로 하지 않겠다는 것"이 있다며 이렇게 말합니다.

"절대 혼밥 하지 않겠다, 사람이 밥을 같이 나눈다는 게 기본적으로 소통의 기본이 되는 거거든. 야당 인사, 언론인, 격려해드려야 할 국민들 해가지고 그분들하고 늘 점심 저녁을, 필요하면 점심 저녁 두 끼씩 먹더라도 늘 여러 사람들하고 밥을 먹으면서 소통하겠다."

윤석열이 혼밥 이야기를 꺼낸 것은 문재인이 중국을 방문하였을 때에 혼밥을 하였다는 논란을 떠올리게 할 의도였을 것입니다. 그의 의도를 빼고는, 윤석열의 말에 잘못된 것이 없습니다. 대통령은 혼밥을 하면 안 됩니다.

혼밥을 하지 말아야 하는 것은 일반인도 똑같습니다. 혼자서 밥을 먹겠다고 고집을 하면 사회생활을 하기가 힘들어질 수가 있습니다. 마음에 들지 않는 직장 동료와도 점심을 먹고, 꿈에도 보기 싫은 직장 상사와도 회식 자리에서 술잔을 건네야 합니다. 서로 좋아하고 마음이 통하는 사람들끼리 모여 밥을 먹는 것은 행복한 일입니다. 이렇게만 살면 얼마나 좋겠습니까만, 서로 좋아하고 마음이 통하는 사람들끼리만 살 수 있는 유토피아 같은 것은 이 세상에 없습니다.

인간은 오래도록 생명 공동체인 가족이나 부족끼리 함께 밥을 먹고 살았습니다. 문명이 발달하여 도시를 이루었고, 우리는 가족이나 부족이 아닌 인간과도 함께 살아야 하는 신세가 되었습니다.

가족이나 부족이 아닌, 그러니까 자신의 생명 공동체에 포함되어 있지 않은 사람과 밥을 먹는 것은 거북합니다. 흥미롭게도, 잘 알지 못하는 거북한 상대이지만 같이 밥을 먹고 나면 서로 입장을 이해할 수 있을 것 같은 느낌이 만들어집니다. 같이 밥을 먹는 과정에서 상대를 자신의 생명 공동체 안에다 포함시킨 것이라고 해석할 수 있습니다. 이런 느낌을 저는 '사회적 연대'를 이루는 기반이라고 생각하고 있습니다. 우정이나 사랑도 이렇게 만들어집니다. 사람 사이의 벽을 무너뜨리는 일은 누구에게든 힘들며, 힘들게 그 벽을 무너뜨리고 나면 그에 대한 보상으로 우정과 사랑이 주어집니다.

윤석열이 대통령이 되고 나서 혼밥을 하였다는 말을 저는 들어보지 못하였습니다. 윤석열은 사람들과 함께 밥을 먹는 것을 즐겼습니다. 대통령실 마당에서 사람들을 초청하여 고기를 굽고 김치찌개를 끓여서 함께 나눠 먹는 모임도 가졌습니다. 그의 말대로 정말 열심히 소통을 한 것처럼 보였습니다. 그런데 말입니다, 윤석열이 그렇게 함께 밥을 먹었던 사람들은 한결같이 윤석열과 이미 사이가 좋은 사람들이었습니다.

대한민국이 대통령제 국가라고 하지만 국회의 협조 없이는 원만한 국정 운영이 어렵습니다. 여소야대가 되면 대통령은 야당에 굽신굽신하여야 합니다. 야당 대표가 영수 회담을 하자고 하면 만나주어야 합니다. 그래도 안 되겠다 싶으면 노태우처럼 합당이라도 하여 여소야대 국면을 타파해야 합니다.

윤석열은 여소야대가 되었는데 야당과 대화할 수 없다며 버티었습니다. 야당 대표가 만나자고 해도 만나주지를 않았습니다. 자기 뜻대로 국정 운영이 안 되자 '국회 독재'라는 말을 지어서 야당을 공격하였습니다. 여소야대가 부정투표 때문이라는 망상까지 하였고, 드디어는 친위 쿠데타로 자신을 불편하게 하는 사람들을 없애버리려고 하였습니다.

정치인이 서로 좋아하고 마음이 통하는 사람들끼리만 밥을 먹고, 자신과 정치적 의견이 다르거나 경쟁하는 관계에 있는 상대와 밥을 먹지 않는 것은 '정치적 혼밥'입니다. 윤석열은 대통령이 되면 절대 혼밥을 하지 않겠다는 약속과는 달리 임기 내내 자기 좋다는 사람들과 '정치적 혼밥'을 하며 살았습니다.

박수 받으며 밥 먹는 왕

2021년 3월에 들면서 윤석열 당시 검찰총장은 문재인 정부의 검찰 개혁을 반대하는 입장을 분명히 하였습니다. 검찰총장에 임명될 때 검찰 개혁에 찬성한 자신의 말을 뒤집은 것이었습니다. 청와대는 '문재인 정부의 검찰총장' 윤석열에게 경고하였으나 윤석열은 콧방귀도 뀌지 않았습니다. 3월 4일 윤석열은 전격적으로 검찰총장직을 그만두겠다는 의사를 표명합니다. 조국, 추미애와 충돌하였던 윤석열에 대해 "그는 정치를 하지 않을 것"이라며 변명해주었던 문재인 측근들은 아무 말이 없었습니다.

윤석열의 대선 참여 선언을 며칠 앞둔 6월 18일 윤석열 측 대변인 이동훈이 KBS 라디오 〈최경영의 최강시사〉에 출연하여 윤석열이 '민생 투어'를 계획하고 있다고 밝힙니다. 그는 "영향력 있는 분들을 만나 다양한 목소리 듣겠다. 시장 다니며 오뎅 먹는 것 아니다. 다양한 목소리를 들을 것이다"라고 말하였습니다.

정치인이 재래시장을 다니며 민생을 살피는 것은 직업적 책무입니다. 재래시장에 가지 않는 정치인이 도리어 문제가 있는 겁니다. 정치인은 평시에 수시로 재래시장을 방문해야 합니다. 그런데,

정치인의 재래시장 방문은 대체로 자신이 '민생을 살피고 있는 정치인'이라는 것을 언론을 통해 홍보하는 이벤트로 이용합니다. 이건 불편한 일이 맞습니다.

누군가는 이렇게 말합니다.

"정치인이 그렇게라도 재래시장에 가지 않으면 언제 거길 가보겠어요."

쇼라 해도, 정치인이 재래시장에 안 가는 것보다는 가는 게 낫다고, 슬프게도 저 역시 그리 생각하고 있습니다. 정치인이 재래시장에서 떡볶이며 순대며 국수며 먹는 것은, 앞의 논리와 마찬가지로 긍정적인 점이 있다고 저는 생각합니다. 정치인이 언제 그걸 먹어보겠는지요.

윤석열의 '민생 투어'에 대해 "시장 다니며 오뎅 먹는 것 아니다"라고 하였던 이동훈은 그로부터 며칠 후에 잘립니다. 윤석열 대변인을 하겠다고 잘 다니던 조선일보사를 사직하고 나온 그를 단 열흘 만에 그만두게 한 것이지요. 윤석열이 왜 이동훈을 잘랐는지는 아무도 모릅니다.

6월 29일 드디어 윤석열은 제20대 대통령 선거에 나가겠다고 선언합니다. 윤석열은 곧장 '민생 투어'에 나섭니다. 7월 27일에는 부산에 갑니다. 돼지국밥집에서 돼지국밥을 안주 삼아 소주를 마십니다. 낮술이었습니다. 오후에 자갈치시장에서 생새우와 전복회를 먹습니다. 랍스터와 대게를 번갈아가며 양손에 들고 사진을 찍습니다. "시장 다니며 오뎅 먹는 것 아니다"라는 말과 달리 이날부터 윤석열의 '먹방 투어'가 화려하게 펼쳐집니다.

정치인이 재래시장에 나타나면 사람들이 환호와 박수를 보냅니다만, 정치인이 무엇을 먹는다고 박수를 더 치고 환호성을 더 올리는 예는 거의 없습니다. 윤석열은 달랐습니다. 윤석열의 먹방에는 박수와 환호가 따랐습니다. 경북 안동 재래시장에서 삶은 피문어를 양손에 들어도 박수, 피문어를 먹을 때에도 박수, 간고등어를 살 때에도 박수, 떡을 사는데도 박수를 합니다. 경기 연천 재래시장에서는 막걸리를 마신다고 "박수~" 하며 주변 사람들에게 박수를 유도하고, 윤석열은 박수를 받으며 막걸리를 마십니다.

윤석열은 먹거나 사지 않고, 먹을거리를 양손에 들어서 올리기만 해도 사람들의 박수를 받았습니다. 포항에서는 킹크랩을, 거제에서는 말린 대구를 치켜들었습니다. 대통령이 되고 난 다음에는 낙지를 잡아서 들어 올리고 장어도 쥐어서 들어 올림으로써 박수를 받았습니다.

윤석열이 손에 들고 사람들에게 보여주었던 킹크랩과 대구, 낙지, 장어 등이 특별난 메시지를 전달하는 것이 아님에도 사람들은 박수를 합니다. 윤석열이 들었다는 것이 중요하지 윤석열이 손에 든 것은 중요하지 않기 때문입니다. 어퍼컷을 날리는 윤석열에게 박수를 하는 것과 유사한 일입니다.

2023년 3월 3일에는 윤석열 부인 김건희도 포항 죽도시장에서 대게를 머리 위로 들어 올리는 퍼포먼스를 보입니다. 윤석열이 대통령에 당선되는 것에 대해 김건희가 "우리가 정권을 잡으면"이라고 표현한 적이 있습니다. 윤석열이 한 것을 자신도 하고 싶었을 것입니다.

정치인이 재래시장에 가서 떡볶이며 순대를 먹는 것은 민생을 살피는 과정에서 자연스럽게 발생한 퍼포먼스였습니다. 이명박처럼 재래시장 먹방에만 열중한 정치인이 있었기는 하지만 이 퍼포먼스의 의미는 흐리게라도 유지되고 있었습니다. 재래시장에서 뭔가를 먹을 때마다 박수와 환호를 받은 윤석열은 정치인의 재래시장 먹방이 '민생 투어'에서 비롯한 것이라는 사실조차 잊은 듯하였습니다. 윤석열은 마침내 자신이 뭔가를 먹기만 하면 사람들이 박수를 할 것이라고 생각하고 있는 것이 아닌가 싶을 정도로 먹는 것에 열중하였습니다.

부산은 2030엑스포 유치를 위해 많은 노력을 하였습니다. '대한민국 영업 사원 1호' 윤석열은 부산 엑스포 유치를 위해 외국을 열심히 나다녔습니다. 윤석열 부인 김건희는 전공을 살려서 부산 엑스포 유치 홍보 키링 디자인도 하였습니다. 윤석열 정부는 경합을 벌이고 있지만 최종에는 사우디아라비아 리야드를 이길 것이라고 국민께 보고하였습니다. 2023년 11월 29일 1차 유치 투표에서 리야드는 119표를 받고 부산은 29표를 받았습니다. 네 배나 차이가 나는, 압도적인 패배였습니다.

2024년 12월 6일 윤석열은 부산 민심을 달랜다며 엑스포 유치 활동에 동원되었던 재벌 총수들을 데리고 부산 깡통시장에 갑니다. 분식집 가판대 앞에 윤석열이 가운데 서고 왼쪽에 최재원 SK 수석부회장, 이재용 삼성전자 회장, 조현준 효성그룹 회장, 오른쪽에 구광모 LG그룹 회장, 김동관 한화그룹 부회장, 정기선 HD현대 부회장이 서서 떡볶이와 어묵과 빈대떡을 먹습니다. 혼자 먹어도 박수를 받는데 이렇게 재벌 총수들을 부하처럼 데리고 와서 먹으면 비록 탈락했지만 부산 엑스포 유치에 고생 많았다고 격려를 할 것이라는 판단으로 벌인 퍼포먼스였을 것입니다.

2024년 12월 3일 윤석열은 내란을 일으켰습니다. 윤석열은 2025년 1월 15일 내란죄로 체포되었습니다. 2025년 3월 8일 지귀연 판사는 이때까지 그 어느 누구도 하지 않은 방법으로 구속 기간을 계산하여 윤석열 석방을 결정하였습니다. 검찰은 즉시항고를 하지 않음으로써 내란 우두머리가 구속에서 풀려나는 어처구니없는 일이 벌어졌습니다.

공화파 시민은 사법 시스템의 붕괴에 분노하였지만 왕당파 군중은 왕의 귀환에 신바람이 났습니다. 왕당파 군중은 윤석열 관저 앞에 모여서 태극기와 성조기를 흔들며 춤추고 노래하였습니다. 어둠이 내린 후에도 그들은 집으로 돌아갈 생각을 하지 않았습니다. 무대 위에서 한 청년이 마이크를 들고 대통령 관저에서 받은 소식을 알렸습니다.

"윤석열 대통령 저녁 식사 소식이 들려왔습니다."

사람들은 태극기와 성조기를 흔들며 목청껏 소리를 질렀습니다.

"와~~~!"

"김치찌개로 맛있게 식사를 했다고 합니다."

"와~~~!"

김치찌개 끓이는 부족장

정치와 종교, 그리고 요리는 원래 한 사람에게 주어진 권력이었습니다. 그 권력을 쥔 자를 여기서는 '부족장'이라고 부르겠습니다.

1만 년 전에 인류는 땅에다 알곡을 뿌리면 더 많은 알곡을 거둘 수 있다는 것을 알게 됩니다. 문명의 시작입니다. 그 이전 수십만 년 동안 우리는 채집과 수렵으로 살았습니다. 지금 우리는 문명 시대에 살고 있지만 몸은 문명 이전의 습성을 버리지 못하고 있습니다.

문명 이전에 우리는 백 명 안팎의 무리를 이루고 살았습니다. 채집은 여자가, 수렵은 남자가 하였습니다. 여자는 아기를 낳고 키워야 하니까 수렵에 적합하지 않기 때문입니다. 남자가 사냥을 해서 잡아오는 것은 많지가 않았습니다. 여자의 채집이 인류의 생존과 번성에 결정적 역할을 하였을 것이라고 추측하고 있습니다. 반면에, 사냥은 인간 집단의 시스템을 구축하도록 유도하였습니다. 사냥은 대체로 단독으로 할 수 있는 일이 아니기 때문입니다.

    사냥에 나서는 원시 인간 집단을 상상해보시기 바랍니다. '털 없는 원숭이'들이 꼬챙이나 돌을 들고 제각각 의견을 낼 것입니다. "저 산으로 가자", "저 들판이 좋다", "꿩을 잡자", "멧돼지 잡는 게 더 쉽다", "두 팀으로 짜자", "아니다. 세 팀이 낫다" 등 온갖 주장이 충돌할 것입니다. 이때 필요한 것이 부족장입니다. 부족원들의 다양한 의견을 듣고 하나의 의지로 통합하고 이를 자신의 통제하에 실현하는 인간이 부족장입니다.

    부족장은 사냥을 하면서 부족원들에게 이래라저래라 하며 명령을 내릴 것입니다. 말을 안 듣는 부족원은 불러다가 야단을 치고 벌칙을 가할 것입니다. 짐승을 많이 잡아서 부족원들에게 고기를 많이 먹이는 부족장은 부족원들에게 지속적으로 떠받들어질 것이고 짐승을 영 잡지 못하면 부족원들에 의해 내쫓길 것입니다. 정치인 부족장입니다.

    부족장은 정치에 그 업무가 한정되는 것이 아닙니다. 사냥의 과정에서 해야 할 의식이 있습니다. 사냥에 성공하면 이 짐승을 지속적으로 사냥하고 싶다는 염원을 담아서 짐승의 피와 살점을 '알지 못하는 그 어떤 힘'에게 고시레를 합니다. 다시 사냥을 나설 때에는 이전에 짐승을 주었던 '알지 못하는 그 어떤 힘'에게 짐승을 잡게 해달라고 빕니다. 제사장 부족장입니다.

부족장은 사냥한 짐승을 나누는 권한을 가집니다. 멧돼지를 잡았으면 다리 넷에 몸통과 머리 각각 하나, 그리고 내장이 나올 것입니다. 이를 골고루 나누어 부족원들이 불만 없이 맛있게 먹을 수 있게 해주어야 합니다. 요리사 부족장입니다.

문명 이전에 부족장은 정치인이며 제사장이며 요리사였습니다. 농경이 발달하면서 도시가 커지고, 더불어 인간 조직이 복잡해지면서 부족장 하나에 정치와 종교, 요리를 다 맡길 수 없게 됩니다. 정치와 종교의 분리가 일어납니다. 권력화한 정치와 종교는 각각의 방식으로 인간 집단을 통제하며, 정치와 종교의 부족장은 각각 그 권력으로 자신을 영예로운 존재인 듯이 포장합니다. 요리사 부족장은 권력화하지 못하였습니다.

종교는 문명의 발달과 함께 고도화하였어도 음식을 신성시하고 이를 나누는 제사장 부족장의 전통은 유지하고 있습니다. 제사장이 교인의 입에 직접 음식을 넣어주기도 하고, 율법에 따라 다같이 음식을 안 먹기도 하고 또 동시에 다같이 음식을 먹기도 합니다.

정치인은 여전히 사냥을 지휘하고 사냥한 짐승을 나눕니다만, 제사장 부족장, 요리사 부족장과는 거리가 아주 멀어졌습니다. 정치인 부족장의 성격 자체가 완전히 달라졌기 때문입니다.

인류가 왕정 시내를 끝내고 민주공화정이라는 '왕이 없는 국가 체제'를 개발하면서 정치에서 원시 부족사회의 부족장 같은 존재를 기대하는 사람들이 크게 줄어들었습니다. 민주공화정의 부족장은 공화파 시민에 의해 한시적으로 고용된 일꾼일 뿐입니다. 민주공화정에서 왕정으로 되돌아가는 일은 없을 것입니다. 전통적 부족장에 미련을 두고 있는 왕당파는 소멸할 운명에 있습니다.

윤석열이 대통령 후보였을 때에 출연한 〈집사부일체〉는 유명인의 집에 가서 그의 사생활이나 인생관 등을 재미나게 보여주는 프로그램입니다. 윤석열은 김치찌개와 계란말이 요리법을 보여주고 출연자들과 함께 자신이 한 음식을 먹습니다. 〈집사부일체〉는 원래 이런 구성의 프로그램이고, 윤석열에게 '따뜻한 마음씨를 가진 동네형' 이미지를 가지게 하는 데에 큰 도움을 주었습니다. 윤석열 대선 캠프는 〈집사부일체〉에서 얻은 효과를 증폭시키기 위해 "석열이형네 밥집"을 제작하여 유튜브에 내보냅니다.

정치인이 시민과의 친밀도를 높이기 위해 음식을 하는 장면을 연출하는 것은 흔히 있는 일입니다. 김장철이면 불우 이웃에게 보낼 김치를 담그고, 연말연시에는 노숙자를 위한 무료 급식소를 찾아가 커다란 주걱이나 국자를 들고 음식을 합니다. 윤석열도 거기까지여야 했습니다. 김치찌개 잘한다, 계란말이 잘한다 소리를 너무 자주 들었던 탓인지 마침내 '오바'를 하고 맙니다. 그러면서 요리하는 윤석열의 진짜 얼굴이 나타납니다.

2024년 5월 24일 윤석열은 용산 대통령실 청사 앞 잔디 마당에서 '대통령의 저녁 초대'라는 행사를 열었습니다. 행사 초청 대상은 대통령실 출입 기자 200여 명이었습니다. 윤석열이 대선 후보 때에 기자들에게 "대통령이 되면 김치찌개를 끓여주겠다"고 약속을 했는데 그걸 지키겠다는 취지였습니다.

윤석열은 앞치마를 두르고 고기를 굽고 계란말이를 말고 김치찌개를 끓였습니다. 기자들은 접시를 들고 줄을 서서 윤석열이 배급을 하는 고기와 계란말이와 김치찌개를 공손하게 받아서 먹었습니다. 윤석열은 행복해 보였고, 기자들도 행복해 보였습니다.

윤석열은 저녁 자리를 마무리하면서 마이크를 잡았습니다. "우리 언론도 좀더 글로벌 취재, 국제 뉴스를 더 심층적으로 다룰 수 있게 저희도 정부 차원에서 기자 여러분들의 연수, 취재 이런 기회를 좀 더 많이 만들 수 있도록 정책적으로 더 노력을 하겠다"고 하자 참석 기자들이 일제히 박수를 쳤습니다. 윤석열은 이도운 홍보수석에게 한국언론진흥재단의 해외 연수 현황을 묻고는 "내년부터는 세 자리로 한번 만들어보자"라고 말하여 기자들의 호응을 얻습니다.

대통령실 청사 앞 잔디 마당에 고기 굽는 냄새가 채 빠져나가지 않았을 6월 17일에 한국언론진흥재단은 내년에 언론인 해외 연수와 국제 교류 규모를 대폭 확대하겠다는 보도자료를 내었습니다. 자료에 의하면 2024년에 62명이었던 해외 연수와 국제 교류

인원이 2025년에 161명으로 늘어났습니다.

　윤석열은 자기편에서 일을 한 사람들에게만 자신이 요리한 음식을 먹였습니다. 자신이 요리한 음식을 먹을 것이면 자신의 반대편에 있는 사람들을 공격하라는 암묵적 지시를 한 것이라고 보아야 합니다. 윤석열은 자신의 정치적 의지와 능력이 원시 부족장 수준 정도밖에 되지 않는다는 것을 대통령실 앞 잔디 마당에서 보여주었습니다.

　윤석열이 원시 부족장 수준의 인간이라는 것은 국민의힘 대선 예비 후보였을 때에 이미 다 드러나 있었습니다. 그때 그는 "원래 선거라는 건 시쳇말로 '패밀리 비즈니스'라고 하지 않느냐"라고 말하였습니다. '윤석열 패밀리'가 되려고 했던 사람들에 의해 윤석열은 부족장으로 모셔졌습니다. 윤석열 부족장이 하사한 김치찌개를 두 손으로 받아서 감사히 먹은 자들은 윤석열을 대신할 새로운 원시 부족장을 찾아 헤매고 있습니다.

5장
밥보다 정치

노비 근성과
양반 본능, 그리고
시민 의식

어릴 적에 노비를 본 적이 있습니다. 초등학교에도 가기 전의 일이니까 1967년이나 1968년의 일입니다. 그때의 일을 지금까지 어찌 기억하느냐 하면, 노비를 보았던 그날의 일을 제가 청소년이었을 때 어른들의 입을 통해 여러 차례 반복적으로 확인을 하였기 때문입니다.

"그 동네 잔치 갔을 때, 재실 지킨다는 아저씨 있었잖아. 머리 기르고 거지처럼 옷을 입고. 고개 푹 숙이고 네네 하면서. 동네 아이들한테 존댓말을 하던. 아이들은 아저씨한테 반말하고. 그 아저씨 있잖아."

"응·응. 노비."

"노비 맞아?"

"재실 노비 맞아."

시골 잔칫집에 어른들을 따라가서 며칠 묵은 적이 있습니다. 그 동네에 제 또래의 아이들이 있었고, 함께 놀았습니다. 그 아이들이 마흔은 넘겼을 것으로 보이는 아저씨에게 반말을 하였습니다. 어른에게는 존댓말을 써야 한다는 교육을 단단히 받던 나이여서 어른에게 반말하는 아이들이 이상해 보였고, 그래서 그 장면이 제 머리에 깊이 박혔을 것입니다. 아저씨는 자신에게 반말을 하는 아이들에게 존댓말을 했습니다. 아저씨는 말을 나누는 중에 고개를 들지 않았습니다.

조선은 신분제 사회였습니다. 노비는 최하층의 신분에 속합니다. 부모가 노비이면 자식도 노비로 살아야 했습니다. 노비는 가축처럼 사고팔고 하였습니다. 노비 제도가 폐지된 것이 1894년입니다. 1960년대에 노비가 있었다는 게 말이 안 될 것 같지만, 제 어버이 세대의 증언을 종합해보면 노비는 신분제 폐지 이후에도 오랫동안 존재했습니다. 경제적 자립이 어려운 이들이 스스로 노비의 삶을 유지했던 것이 아니었나 추측을 합니다. 제가 어릴 때에 본 재실 노비가 한반도의 마지막 노비였을 수도 있습니다. 이후에 노비는 고사하고 노비의 후손이라고 주장하는 사람도 저는 본 적이 없습니다.

"위에서 알아서 할 테니까 넌 조용히 있어."
"왜 말을 안 들어. 쫓겨나고 싶어?"

노비 신분은 사라졌어도 노비적 상황은 수시로 우리 앞에 전개됩니다. 각자 맡은 일을 하면 될 것인데, 우리 사회는 그렇지가 않습니다. 무논리로 위에서 누릅니다. 합리적 이유와 근거 없이 담당자에게 "넌 빠져"라고 말하는 것은 "넌 노비야"라는 말로 해석될 수 있습니다. 노비 제도는 없어졌지만 노비로 살라 하는 사회적 강제력은 여전할 수 있다는 생각을 하게 됩니다.

노비 근성으로 살아가는 사람들도 있습니다. 그들에게는 모셔야 하는 주인이 있어야 삶이 유지됩니다. 주인이 자신의 자유를 빼앗고 목숨을 앗아가려 해도 기꺼이 주인으로 모십니다. 주인을 더 이상 모시지 못하게 되면 새 주인을 찾아내어 모십니다.

신분제 국가인 조선의 지배계급은 양반입니다. 계급제도가 폐지되었으니 노비가 없어진 것과 마찬가지로 양반도 없어져야 하는데, 양반 아닌 사람이 없습니다. 다들 족보가 있고 문중이 있습니다. 자신의 집안이 양반 아니라는 고백을 들을 수가 없습니다. 양반이 아니면 대한민국에서 생존이 불가능하다고 여깁니다. 양반은 본능입니다.

노비 근성과 양반 본능은 동전의 양면처럼 붙어 있습니다. 정신 상태는 노비인데 스스로 양반이라고 여깁니다. 자신에게 모셔야 하는 주인이 있다는 것에 우월감을 가지고 자신의 주인을 모시지 않는 사람들에게 함부로 대해도 된다는 양반 본능을 발동시킵니다.

신분제도는 어느 지역에나 있었습니다. 이를 혁파하는 과정이 지역에 따라 조금씩 달랐습니다. 유럽은 계급제도가 폐지되면서 다들 동등한 권리를 가진 시민이 되었는데, 한반도에서는 계급제도가 폐지되면서 다들 지배계급인 양반이 되었습니다. 스스로 신분제를 타파하는 혁명의 과정을 거치지 않아 발생한 문제입니다. 그래서, 대한민국은 아직도 혁명 중에 있습니다.

윤석열은 말끝마다 자유를 입에 올렸습니다. 윤석열이 말하는 자유가 대체 어떤 개념의 자유인지는 계통이 없습니다. 북한에는 정치적 자유가 없으니까 우리 남한의 정치적 자유를 새삼스럽게 자랑하는 것이 아닌가 싶기도 하고 그렇습니다.

자유의 사전적 의미는 '외부의 어떠한 것에 의해서 구속되지 않은 상태'를 말합니다. 자유라는 단어 그 자체에 담겨 있는 뜻은 조금 다릅니다. 자유는 '스스로 자自'에 '말미암을 유由'를 씁니다. 스스로 말미암다라는 뜻입니다. 자유라는 단어는 우리를 구속하려는 '외부'에 시각을 두고 있지 않습니다. 자신이 한 말과 행동이 자신으로 말미암은 것이라는 '내부'의 인식을 바탕으로 한 단어입니다. 그러니까 자유라는 단어는 자신이 한 말과 행동에 대해 전적으로 자신이 책임을 져야 한다는 뜻을 가지고 있습니다.

자유가 박탈된 상태의 인간이 노비입니다. 노비는 자기 생각이 없는 사람입니다. 노비의 주인은 노비를 먹이고, 입히고, 재워주는 것 말고 생각도 대신해줍니다. 노비는 주인의 생각에 따라 행동을 하니까 자신의 행동에 대해 책임을 질 필요가 없습니다. 자유란 자기 생각을 가진다는 것이고, 그 자기 생각에 책임을 질 줄 알아야 노비의 정신 상태에서 벗어날 수 있습니다.

자유가 인간에게 축복인 것만은 아닙니다. 장폴 사르트르는 자유가 고통이라고 했습니다. 심하게는, 인간에게 주어진 저주라고 했습니다. 자유인은 자신의 말과 행동에 책임을 져야 하니까 매사에 고뇌할 수밖에 없기 때문입니다. 자유는 타인에 의해 보호될 수는 있어도 강제되지는 못합니다. "너는 자유로워야 해"라고 하지 못한다는 말입니다. 자유인의 자유는 개별적이고, 그에 따른 책임도 개별적입니다.

당신은 당신의 자유 안에서 충분히 자유를 구가하며 살고 있는지요. 인생의 모든 것을 스스로 결정하고 있으며, 따라서 그 모든 것의 책임은 전적으로 자신에게 있다는 자세로 살아가고 있는지요. 남의 탓을 조금도 할 생각 없이 살고 있는지요. 신의 섭리 따위의 변명조차 안 할 수 있는지요. 이 망망한 우주에서 당당히 "나는 자유다"라고 선언할 수 있는지요.

고백하건대, 저는 제 자유가 버겁습니다. 글쟁이로서의 자유는, 그 자유를 세상에 드러낼 때이면 속에서 신물이 넘어올 정도로 괴롭습니다. 여기 이 글을 쓰면서도 책임져야 할 일이 발생하는 것은 아닌지 몇 번을 반복해서 읽습니다. 자유인에게 표현의 자유란 자유인으로서 져야 하는 책임과 의무를 뜻할 뿐입니다.

자유를 포기하고 노예로 살 수는 없는 일이지만, 이 버거운 자유를 나눠서 지는 방법이 있습니다.

남들은 자유를 사랑한다지마는, 나는 복종을 좋아하여요.
자유를 모르는 것은 아니지만, 당신에게는 복종만 하고 싶어요.
복종하고 싶은데 복종하는 것은 아름다운 자유보다도 달콤합니다. 그것이 나의 행복입니다._한용운 〈복종〉 일부

누구에게든 자유가 버겁지 않겠는지요. 버거운 그 자유를 뚝 떼어내어서 남에게 주는 겁니다. 내 자유를 주었으니 나는 내 자유를 받은 그 사람에게 복종을 해야 합니다. 나의 자유를 받은 그 사람도 나에게 그의 자유를 뚝 떼어서 주면 그 사람은 나에게 복종해야 합니다. 서로가 서로에게 복종을 하는 관계를 맺는 것이지요. 한용운은 이 자발적 상호 복종을 행복이라고 했습니다. 자발적으로 상호 복종의 관계를 맺고 있는 자유인들의 국가가 바로 민주공화국입니다.

자유를 입에 올리는 것은 자유입니다만, 이미 자유 안에서 사는 사람들은 자유를 입에 올리지 않습니다. 자유인들의 국가에서는 자발적 상호 복종의 관계, 즉 사회적 연대가 더 중요하다는 것을 잘 아는 까닭입니다. 깨어 있는 시민의 조직된 힘만이 우리 자유인들의 국가를 지켜나갈 수 있습니다.

밥상 엎는
정치

"우리끼리 잘 먹고 잘살면 한식 세계화는 저절로 이루어집니다. 그러니까 너무 조급하게 정부가 나서서 한식 세계화를 한답시고 외국인에게 한국 음식을 공짜로 먹이는 행사를 할 필요가 없습니다. 프랑스가, 이탈리아가, 음식 맛있다고 소문난 그 어떤 나라가, 우리처럼 그러든가요. 여러분은 그들 나라에서 주는 마카롱 하나, 파스타 한 접시 공짜로 얻어먹어본 적이 있나요. 국가적 자존심 좀 지킵시다. 부강하고 매력적인 나라이면 그 나라 음식도 맛있어 보입니다. 한식 세계화가 성공하려면 우리가 잘 먹고 잘사는 게 먼저입니다."

이명박 정부가 한식 세계화 사업을 한다고 국가 예산을 낭비할 때에 언론에다 대고 이 말을 반복적으로 하였습니다.

음식의 맛은 음식 그 자체에서 오는 것이 아닙니다. 그 음식을 내거나 먹는 사람이 어떤 사회적 위치에 있는가에 따라 그 음식의 맛은 다르게 받아들여집니다. 종갓집 며느리가 하는 음식은 뭔가 다를 것이라고, 재벌이나 연예인이 자주 찾는 식당의 음식은 뭔가 다를 것이라고 다들 그렇게 생각합니다. 이런 현상은 국가 단위에서도 똑같이 일어납니다.

한국 음식이 산업화 과정에서 전반적으로 달고 매워지기는 하였지만 적어도 백 년 이래에 완전히 달라졌다고 보기는 어렵습니다. 음식이 저 혼자 맛있어서 뜨는 것이라면, 한국 음식은 세계시장에서 벌써 떴을 수도 있습니다.

왜 이제서야 K-푸드 열풍이냐 하면, 이제서야 세계인의 눈에 대한민국이 매력적으로 보이기 시작했기 때문입니다. 매력적인 대한민국에 사는 사람들은 매력적이고, 이 매력적인 대한민국 사람들이 먹는 음식도 매력적일 것이라고 세계시민들이 생각하고 있는 것입니다.

K-푸드라는 단어가 장기적으로 외국 시장에서 브랜드 가치를 유지할 수 있을지는 따로 점검해봐야겠지만 한식이라고 말하기 애매한 음식들까지 포함시킬 수 있다는 장점이 있습니다. 가령 서울 명동에서 외국인 관광객에게 가장 인기가 있는 견과류(수입 원

료를 국내에서 가공한)는 한식이라고 보기가 어렵지만 K-푸드에는 포함됩니다. 문화 상품은 잘 팔리는 것이 중요하지 문화적 정체성까지 강요할 것은 아닙니다. K-푸드의 포용성은 한국인과 한국 문화의 포용성을 대표하는 현상으로 자랑삼아도 될 것입니다.

한 국가의 매력도는 매우 다양한 요소에 의해 결정됩니다. 멋진 자연도 매력도를 높여주지만 말끔한 도시 풍경과 그 도시 안에서 살아가는 여유롭고 세련된 사람들이 매력도 상승에 큰 역할을 합니다. 그러니까, 매력적인 국가가 되려면 경제적으로 풍요로워야 하며 정치적으로 안정되어 있어야 합니다.

대한민국은, 세계시민들 눈에는 식민지였었고 참혹한 한국전쟁을 겪었으며 미국의 원조를 받는 가난한 나라였습니다. 박정희와 전두환 같은 군부독재자가 무력으로 지배하는 나라였습니다. 비약적인 경제성장에 민주화까지 이루었지만 대한민국의 후진적 국가 이미지가 단번에 개선되는 것은 아니었습니다.

문재인 정부에 들어서야 비로소 대한민국 것이기만 하면 그 어떤 것이든 매력적으로 보이는 시대가 열렸습니다. 경제적 풍요와 정치적 안정에 더하여, 코로나19 위기 상황을 질서 있게 극복해내는 대한민국 국민이 세계시민들 눈에는 매우 세련된 사람들로 보였을 것입니다. 여기에 한국 영화와 드라마, 대중가요 등이 매력도를 더하였습니다.

"세계시장으로 나가 돈을 벌 수 있는 기회가 왔습니다. 그 어떤 음식이든 한국 음식이라고 주장하기만 하면 됩니다. 대한민국은 매력적인 국가이고, 대한민국의 매력을 음식에다 붙여서 파는 겁니다. 한민족 5,000년 역사에서 처음 세계시장을 주도할 수 있는 기회가 주어졌습니다."

윤석열이 비상계엄을 선포하기 전까지만 해도, 정치판이 다소 시끄러워도 대한민국은 무척 매력적인 국가라고 자부할 수 있었고, 외식업 하시는 분들께 이런 말을 자주 하였습니다.

윤석열의 계엄 선포로 대한민국의 매력도는 큰 손상을 입었습니다. 국회의사당에 무장한 군인이 들이닥쳐서 창문을 깨고 들어가는 장면을 세계인이 보았습니다. 대한민국은 윤석열에 의해 군부독재 국가 수준으로 강등을 당할 뻔하였습니다.

다행히 윤석열의 친위 쿠데타를 막아내었습니다. '빛의 혁명'은 세계인에게 대한민국 국민의 수준이 얼마나 높은지 확인시켜주었습니다. 윤석열을 대통령직에서 파면함으로써 매력적인 대한민국으로 회복되고 있는 중이지만 아직 충분히 회복된 상태라고 볼 수는 없습니다. 윤석열 내란 후유증이 의외로 길 수도 있습니다.

대한민국의 매력이 발생하는 영역이 워낙 넓어서 일일이 확인하고 분석하는 일은 쉽지 않아 보입니다. 다만, 정치적 불안이 대한민국의 매력을 결정적으로 훼손할 수 있다는 것을 윤석열 내란을 겪으며 몸이 저리도록 확인하였습니다.

"정치가 밥 먹여주냐"는 분들이 계십니다. 정치가 밥을 먹여주지는 않을 수는 있는데, 정치가 우리의 밥상을 엎을 수는 있다는 것은 분명합니다.

너무나
자본주의적인 'K-'

한때, 외국에 나가면 그 나라 음식만 먹어야 한다는 주장이 있었습니다. 김치나 고추장을 가져가면 세련되지 못하다고 손가락질을 하였습니다. 그때 그랬던 것은, 외국에 나갈 일이 자주 있었던 것이 아니었기 때문입니다. 어쩌다 한번 나가게 되는 외국이니까 그 나라의 문물을 충분히 느끼고 와야 한다는 강박 같은 것이 존재하였습니다.

요즘은 해외여행을 가면서 김치나 고추장을 싸가네 마네 하는 논란 자체가 없습니다. 해외여행이 흔한 일이 되어 굳이 여행 국가의 문물을 짧은 시간에 악착같이 알아가겠다는 과욕을 부리지 않아도 됩니다. 또, 그동안에 우리의 입맛이 글로벌화하였을 수도 있습니다. 국내에서도 세계 여러 나라 음식을 먹을 기회가 많아져서 외국 음식에 대한 막연한 두려움이 사라졌습니다. 그리고 또, 외국에 나가 우리 음식이 그리워져도 크게 걱정할 것이 없습니다. 세계 곳곳에 한국 음식을 내는 식당이 영업 중입니다.

요즘은 한국 음식이니 한식이니 하지 않습니다. K-푸드라고 합니다. K-푸드라는 명칭이 한국 음식 또는 한식이라는 명칭에 비해 '자본주의적으로는' 장점이 있습니다. K-푸드는 전통 논쟁을 피할 수가 있습니다. 한식 세계화 사업을 할 때에 국회에서 치킨과 고구마라떼를 두고 한국 음식인지 아닌지 논쟁을 한 적이 있습니다. K-푸드 앞에서는 그 모든 전통 논쟁이 사라지고 맙니다. 한국에서 팔리는 치킨은 K-치킨이고, 한국에서 팔리는 마카롱은 K-마카롱입니다.

K-푸드 열풍 이전에도 "한국 음식이 세계적으로 붐이다"라는 뉴스를 수없이 보았을 것입니다만, 지금의 K-푸드 열풍과는 많은 부분이 다릅니다. 예전에는 국가 브랜드 전략 차원에서 관급 홍보 뉴스에 한국 음식이 이용되었고, 지금의 K-푸드 열풍은 대한민국이 세계적으로 매력적인 국가의 반열에 오르면서 나타나는 문화적 현상입니다. 그 무엇이든지 간에 한국적 터치만 가해지면 매력적인 그 무엇으로 받아들이는 'K-열풍' 안에 K-푸드가 있는 겁니다.

K-푸드 열풍의 기회는 우리에게만 열려 있는 것이 아닙니다. 우리만 음식에다 한국적 터치를 할 수 있는 것이 아니기 때문입니다. 외국 자본이 K-푸드 시장에 뛰어들고 있습니다. 한글로 쓰인 간판을 걸고 한국 음식인 듯한 음식을 파는 외국자본 식당들이 세계 여러 나라 외식 시장에 나타나고 있습니다. 이들 식당에서 음식을 먹어본 한국인들은 고개를 갸웃거립니다.

'이게 한국 음식이 맞나?'

문화적 관점에서는, 음식이 국경을 넘어가면 남의 것이 되고 맙니다. 한국 음식이 타국에서 '고생'을 하여도 우리는 어쩔 수가 없습니다. 우리가 다른 나라의 음식을 가져와서 한국적 터치를 가하여 K-치킨, K-마카롱 등등으로 즐기고 외국에 다시 넘기는 것도 문화적 관점에서는 인류 보편의 문화 교류 행위일 뿐입니다.

자본주의적 관점에서는, 우리 문화 상품인 K-푸드가 외국자본에 넘어가는 것을 그냥 보고만 있어서는 안 됩니다. 대한민국이 매력적으로 보여서 K-푸드가 뜬 것이므로 폭발하는 K-푸드 시장의 혜택은 대한민국이 누려야 합니다.

이재명이 대선에 나서며 K-이니셔티브라는 말을 내놓았습니다. "한국이 세계를 주도하는 시대를 개척하겠다"고 하였습니다. 이재명의 실용주의에서 나온 전략 중의 하나일 것입니다. 대한민국은 온갖 고난을 이겨내고 세계 무대 제일 앞에 섰습니다. 이제는 주도해야 합니다.

'K-'는 대한민국 국민의 자산입니다. 대한민국 국민이 대한민국 매력의 중심입니다. 'K-'는 대한민국 국민의 매력으로 구축된 브랜드이고, 'K-'의 성과는 대한민국 국민 모두에게 골고루 돌아가야 할 것입니다.

왕의, 대통령의,
국민의 음식

왕국은 왕의 나라이고, 민주공화국은 국민의 나라입니다. 인류는 오래도록 왕국에서 살았습니다. '왕이 없는 나라' 그러니까 국민의 나라는 근래에 유럽에서 '개발'한 국가 체제입니다. 한반도 민중은 1919년에 독립을 선언하여 민주공화정을 받아들였고, 1945년 식민지에서 해방되면서 민주공화국 국민으로 살게 되었습니다.

그런데, 한반도의 절반은 아직도 왕국입니다. 북한의 공식적인 국명은 조선민주주의인민공화국입니다. 이름은 공화국인데 실질적으로 왕국이라고 보아야 합니다. 국가권력을 김 씨 일가가 삼대째 세습하고 있습니다.

남북한은 1945년 분단되기 이전에, 세계 여러 지역의 인류와 마찬가지로 오래도록 왕국에서 살았습니다. 고구려·신라·백제, 통일신라, 고려, 조선은 왕국이었습니다. 36년간 한반도를 식민지로 지배하였던 일본도 왕국이었고, 이 일본 왕족에 조선의 이 씨 왕가가 기식하고 있었습니다. 이 큰 흐름으로 보자면, 민주공화국에서 살아가고 있는 남한의 국민은 전혀 새로운 국가 체제에서 사는 것이고, 이름만 공화국인 왕국에서 살아가고 있는 북한의 국민은 아주 오래전부터 있었던 국가 체제에서 사는 것이라고 해석할 수 있습니다.

윤석열이 대통령 후보일 때에 손바닥에 '王'을 쓰고 방송 토론에 나와서 논란이 일었습니다. 윤석열이 '王'이라고 쓴 손바닥을 들어 보이는 것이, 국민에게 "나는 왕이다"라고 선언을 하는 듯하였습니다. 윤석열은 이웃 할머니가 써줬다는 변명을 하였고, 언론에서 무속이다 아니다 말이 많았습니다만 정말로 충격적인 것은 그 다음에 일어났습니다. '王'을 손바닥에 써서 국민에게 보여준 윤석열이 대통령에 당선된 것입니다.

열차에서 앞자리에 발을 올리고, 자신이 자리에 어울리지 않은 넥타이를 매었다고 주변 사람들에게 짜증을 내는 등 윤석열이 왕 놀이를 하고 있음을 충분히 보았음에도 민주공화국 국민은 윤석열을 대통령으로 선출하였습니다. 윤석열을 대통령으로 선택한 남한 국민의 얼굴이 김 씨 일가를 삼대째 '모시고' 사는 북한 주민의 얼굴과 겹쳐 보인다고 말하여도 크게 어색한 일이 아닐 것이라고 저는 생각합니다. 우리 한반도에는 아직 왕을 모시고 사는 것에 익숙한 사람들이 다수 존재하고 있습니다.

대한민국 대통령의 음식을 추적하면서 저는 여러 대통령의 음식에서 왕의 냄새를 맡았습니다. 국가권력이 자기 것이라는 착각에 빠져 있는 대통령의 음식이 그랬습니다. 공화국의 선출된 공무원이고자 했던 대통령의 음식에서는 그냥 보통 인간이 먹는 음식의 냄새가 났습니다. 원고를 다 써놓고 나니까 해방 이후 우리 대한민국이 겪고 있는 여러 정치적 격변의 근원적 이유를 조금 알 듯하였습니다.

대한민국은 민주공화국이라고 하지만 아직 왕국의 그림자에서 완전히 벗어나지는 못하였습니다. 대통령을 왕이라고 착각하는 사람들이 다수 존재하며, 이들로부터 국가권력을 지키려는 시민이 시시때때로 그들과 충돌하고 있습니다.

2024년 12월 3일 밤 저는 이 책의 원고를 쓰고 있었습니다. 아내가 제 방으로 급하게 들어와 "계엄이래" 하는 말에 저는 가짜 뉴스가 떴나 보다 하였습니다. 텔레비전 채널을 돌려서 다 같은 뉴스가 나오고 있다는 사실을 확인하는 중에 제 머리에는 이런 말이 만들어졌습니다.

'이거는 다 죽이겠다는 거야.'

윤석열은 충분히 그럴 인간이기 때문입니다. 그러나 당황하는 가족을 안정시켜야 하니까 입에서는 이런 말이 나왔습니다.

"괜찮아, 괜찮아. 우리 이런 거 많이 겪었잖아. 차분해지자고."

며칠 후 그때까지 쓴 원고를 버렸습니다. 대통령의 음식에 대한 자잘한 정보와 재미를 주는 책으로 기획되었는데, 지금은 그럴 때가 아니라는 생각이 들었습니다. 2025년 1월 15일 윤석열이 내란 우두머리로 체포되는 날에 제가 무엇을 써야 하는지 분명해졌습니다. 윤석열에게 뒤통수를 맞고 정신이 번쩍 들었다고 표현하는 것이 맞을 것입니다. 우리는 아직 시민혁명을 완성하지 못하였다는 사실을 머리에 이고 이 책을 썼습니다.

2025년 4월 4일 윤석열은 헌법재판소 재판관 여덟 명의 전원일치 의견으로 대통령직에서 파면되었습니다. 내란 세력은 여전히 국가권력을 찬탈하기 위해 활동하고 있고, 제21대 대통령 선거가 끝난 후에도 그들은 내란을 멈추지 않을 것입니다. 그럼에도 대한민국 국민의 정치의식은 크게 변할 것입니다. 공화국 국민이 왕을 뽑아서 뒤통수 맞는 일은 더 이상 일어나지 않을 것이라고 저는 믿습니다.

지금으로부터 5년 후 제21대 대통령의 음식까지 담은 증보판을 낼 계획은 없습니다. 대통령의 음식이라고 특별할 것이라는 생각이 점점 흐려지는 세상을 살게 될 것이고, 그러니《대통령의 혀》

같은 책은 점점 덜 읽히게 될 것입니다.

앞날을 예측하기 힘든 세상에 우리가 삽니다만, 대한민국 국민의 일상 음식이 세계인에게 더 크게 사랑받게 될 것이라는 사실은 제가 장담할 수 있습니다. 공화국은 국민의 나라임을 확인시켜 준 한국인이 세계인에게 매력적으로 보일 것이며, 매력적인 한국인이 먹는 K-푸드도 매력적일 것이기 때문입니다. 다음 책을 쓴다면 《매력적인 한국인의 음식》이 어떨까 합니다.

밥으로 엮은 대한민국 대통령사

이승만	1960. 4. 26.	4·19 시위대, 이기붕 자택 냉장고에서 수박 발견
	1960. 5. 26.	아침 식사 거르고 하와이 망명
박정희	1962. 06. 03.	권농일 모내기 행사에서 막걸리 새참
	1966. 10. 31.	국빈 만찬에 첫 궁중 음식 대접
	1971. 11. 08.	혼분식 행정명령 시행
	1972. 10. 17.	'막걸리 긴급조치(긴급조치 9호)' 선포
	1979. 10. 26.	궁정동 만찬 중 피살
김영삼	1993. 02. 27.	첫 청와대 칼국수 오찬
	1997. 05. 29.	칼국수 대신 꼬리곰탕 오찬
	1997. 11. 02.	국제통화기금 구제금융 신청
김대중	1998. 02. 24.	기자 간담회에서 칼국수 대신 육개장 오찬
	1998. 02. 25.	마이클 잭슨, 대통령 취임식 참석 및 신라호텔에서 비빔밥 식사
노무현	2005. 05. 21.	대강양조장 생막걸리, 청와대 만찬주로 채택
	2007. 10. 31.	전남 무안으로 향하는 공군 1호기에서 라면 식사

이명박	2008. 04. 18.	쇠고기 협상 타결 후 미국산 쇠고기 스테이크 만찬
	2010. 10. 25.	정부 예산 2억 원으로 《김윤옥의 한식 이야기》 출간
	2011. 10. 12.	방미 중 버지니아 한식당에서 불고기 만찬
박근혜	2012. 03. 22.	재래시장에서 족발 보고 '서민 음식' 발언
	2014. 04. 16.	세월호 참사 중 점심 '혼밥'
	2016. 07. 29.	"고추로 맨든 가루, 귀하네요." 발언
	2017. 03. 10.	대통령직 파면
문재인	2017. 11. 07.	미국 대통령 트럼프와 독도새우 만찬
	2018. 02. 09.	평창 동계올림픽 개회식 만찬
	2018. 04. 27.	남북 정상회담에서 옥류관 냉면 만찬
윤석열	2024. 05. 24.	기자 간담회에서 김치찌개와 계란말이 오찬
	2024. 12. 03.	비상계엄 선포
	2025. 01. 15.	샌드위치 만들고 체포
	2025. 04. 04.	대통령직 파면

대통령의 혀

초판 1쇄 인쇄일 2025년 5월 30일
초판 1쇄 발행일 2025년 6월 4일

지은이 황교익

발행인 조윤성

편집 강현호 **디자인** 김효정 **마케팅** 최기현
발행처 ㈜SIGONGSA **주소** 서울시 성동구 광나루로 172 린하우스 4층(우편번호 04791)
대표전화 02-3486-6877 **팩스(주문)** 02-598-4245
홈페이지 www.sigongsa.com / www.sigongjunior.com

글 ⓒ 황교익, 2025

이 책의 출판권은 ㈜SIGONGSA에 있습니다. 저작권법에 의해
한국 내에서 보호받는 저작물이므로 무단 전재와 무단 복제를 금합니다.

ISBN 979-11-7125-795-9 (03300)

*SIGONGSA는 시공간을 넘는 무한한 콘텐츠 세상을 만듭니다.
*SIGONGSA는 더 나은 내일을 함께 만들 여러분의 소중한 의견을 기다립니다.
*잘못 만들어진 책은 구입하신 곳에서 바꾸어드립니다.

WEPUB 원스톱 출판 투고 플랫폼 '위펍' _wepub.kr
위펍은 다양한 콘텐츠 발굴과 확장의 기회를 높여주는
SIGONGSA의 출판IP 투고·매칭 플랫폼입니다.